PANCHO VILLA NÃO SABIA ESCONDER CAVALOS

Adriana Brunstein

PANCHO VILLA NÃO SABIA ESCONDER CAVALOS

Ilustrações de
Marcos Garuti

LARANJA ORIGINAL

1ª edição | São Paulo, 2017

A VIDA NÃO É O CIRQUE DU SOLEIL – A VERDADE DESCARADA DE ADRIANA BRUNSTEIN

Quando criança, fui nestes circos que armam tendas em bairros de fins de mundo que mais parecem desertos povoados. Chão de terra, poeira vermelha, arquibancadas finas de tábuas que enchem as bundas dos visitantes de farpas. Essa foi uma das primeiras associações que fiz quando, pela primeira vez, e isso já faz algum tempo, li as crônicas/contos de Adriana Brunstein. Depois vinha o dono do circo, senhoras e senhores, anunciando o grande espetáculo. Mágicos que nos deixavam ver as pontas dos lenços escondidos nas cartolas, malabaristas que deixavam pinos caírem, mulheres lindas na falta de mulheres lindas com suas meias-calças desfiadas, animais magros e desanimados, vestidos de roupas rotas e purpurinadas, globos da morte enfurecidos de fumaça e som, que só conseguiam nos intoxicar. Por fim, palhaços que caíam, palhaços que levavam tortas na cara, palhaços que diziam a senha errada e terminavam atirados aos leões. E ríamos, ríamos muito, pois a outra opção seria chorar.

Agora estamos diante deste Pancho Villa não sabia esconder cavalos. Não sabia. Não sabe. Adriana Brunstein não esconde nada e por isso rimos de seu Pancho Villa, porque ele expõe toda a tragédia dos planos que nunca, jamais dão certo e porque, ainda mais tragicamente, ele acha que desta vez, aquele cavalo atrás da árvore poderá passar despercebido e, quem sabe, ele, que depende disso, poderá ser feliz.

O que dizer dessa escritora? Eu, como leitora assídua de seus textos que sou? Digo que Brunstein traz ares que sinto novos e deliciosos na prosa brasileira contemporânea. Primeiramente, traz pontos de vista de personagens femininos que se situam entre a quarta e a quinta décadas da vida, quando a beleza física padronizada ou nunca existiu ou está em decadência, quando já se está sob efeito do período da menopausa ou na iminência dele. Quando poucas ilusões restam. Depois, traz homens que se debatem nos relacionamentos sob o prisma de uma sinceridade incomum a respeito do fracasso. Os personagens de Adriana Brunstein falam aquilo que só falamos quando não há ninguém ouvindo, são um verdadeiro desastre. Tudo isso com um humor infalível e uma linguagem que já podemos chamar de estilo.

Emocionamo-nos. No fundo sentimos que há mais que um choro guardado. Lendo-a, sabemos muito bem do que estamos rindo. Conhecemos bem essas quedas. Conhecemos sua denúncia, sua indiscreta confissão sobre coisas que pertencem a uma raça inteira. A queda do palhaço é universal.

Seus personagens são como os personagens dos circos de infância em bairros abandonados. Há uma profunda compaixão nisso. E o que é o palhaço senão aquele que se empresta para cair, a despeito dos próprios tombos, para que possamos rir um pouco?

Adriane Garcia

BILL MURRAY OU O CAVALO DE PANCHO VILLA

Em algum lugar, alguém está triste e infeliz porque sua vida desandou até nada mais dar certo, ou porque a solidão não ensina nada a ninguém, além da própria fragilidade humana, da própria ideia da morte. Todas as pessoas que nos rodeiam, no fundo, são a mesma pessoa: os mesmos medos, os mesmos amores quebrados, a mesma dificuldade em aceitar a passagem do tempo sem ter em mãos nenhuma explicação ou dica de como dar a volta por cima e ganhar esse jogo sujo.

"Sou tão insignificante que não posso sequer me matar", lamenta Paul Giamatti a certa altura do Sideways, filme que reprisei ontem após terminar de ler Pancho Villa não sabia esconder cavalos, de Adriana Brunstein, enquanto recordo do quanto gosto dos personagens fracassados de Giamatti, a exemplo do escritor não publicado de Sideways ou do Harvey Pekar de American Splendor. Os personagens de Brunstein têm uma relação de empatia com esse universo terrivelmente real, com esse mundo disfuncional cujo paradigmático herói cômico é Bill Murray.

Só Adriana Brunstein sabe que nosso ideal de vida deveria ser aquela escoliose, aquela melancolia, aquela barriguinha de chope que Giamatti ou Murray ostentam, não sem certa delicadeza, resignação e displicência patética. O troféu do perdedor é a negligência consigo mesmo, o bom humor leviano, a bonomia, além de um leve desespero, envolto por uma fina camada de papel celofane de tagarelices. Os narradores de Adriana Brunstein estão perdidos, mas são encantados com a própria completa falta de pretensão diante de um mundo tão ameaçador quanto cômico. Ser insignificante e desejar ser insignificante, nos contos de Brunstein, nos filmes de Murray, dá no mesmo.

Srta. Brunstein tem a capacidade de fazer das ridículas rotinas da vida o discurso melancólico do nosso fracasso. Sua sintaxe informal, sempre um tom acima de uma conversa entre amigos, seduz o leitor para o espaço onde poderá rir da própria tristeza sem estranhar o próprio riso. Sua fluência, sua naturalidade no manejo do discurso é uma hipnose que convence o leitor de sua existência invisível e sem saída. Brunstein encadeia sequências de parágrafos com cortes de cinema ou sitcom. A realidade é apresentada em porções microscópicas, com imprevisíveis zooms em imagens expressivas que, empilhadas, sugerem o esfacelamento da experiência de vida do mundo (sic!) moderno.

Mas o melhor de tudo é seu humor, que é a aceitação das nossas fragilidades. Seus narradores já conheceram o tédio, as pequenas mentiras, o ciúme, a tragicomédia do amor, e os saltos temporais entre os contos é a vontade de alerta daquela que já conheceu os desencantos do amor, da vida, dos sábados à noite. Brunstein investe contra as facilidades do espaço-tempo, e coloca seus narradores no tempo presente do discurso.

De resto, Adriana Brunstein escreve como Bill Murray atua. Pancho Villa não sabia esconder cavalos é um longa-metragem costurado de esquetes onde Murray tropeça, bebe, fuma, resmunga, chora e sorri com aquela mistura de riso e sarcasmo cansado. Adriana Brunstein é Murray vestido de palhaço para assaltar um banco: uma arma na mão; na outra, cinco balões com gás do riso. Só que o gás dos balões está vazando e só percebemos quando já é tarde demais.

Nos seus grandes filmes, Bill Murray fracassa para nos livrar da obrigação da vitória. Em Pancho Villa, Brunstein nos informa que já fracassamos de antemão, uma vez que "daqui pra frente tudo piora".

E piora mesmo.

Não que Brunstein ou Murray não devam ser levados a sério, ou estejam no livro ou na tela de cinema só para nos fazer rir. Nada disso. Basta prestarmos atenção no rosto de Murray: suas expressões são contidas, como as de alguém que quer passar despercebido, e sua expressão mais comum é a de um homem que se entristece. Assim são os personagens de Brunstein, assim somos nós. Então porque rimos de Murray e não paramos de rir enquanto lemos Pancho Villa? Porque dentro de nós há algo de temerário, algo de vivo e de ainda corajoso, que quer viver a todo custo, apesar de conhecer os perigos que se escondem nesse jogo medonho. Porque enquanto lia Brunstein e pensava em Murray, lembrava de uma frase do escritor norte-americano Jonathan Safran Foer, que diz não ser possível se proteger da tristeza sem se proteger, ao mesmo tempo, da felicidade. De modo que eu, você, Adriana Brunstein, Bill Murray e os narradores de Pancho Villa suportamos a tristeza porque temos a porta sempre aberta para a entrada da felicidade. Que ela não venha, que no lugar dela cheguem mancando as mesmas velhas promessas de sempre, é parte do caráter cômico de nosso destino. Mas quem não está à altura da própria infelicidade, será surpreendido pela felicidade como um anão. Nós não seremos.

E se fôssemos Bill Murray em Feitiço do tempo (1993) esse dia em que abrimos Pancho Villa não sabia esconder cavalos seria o dia que gostaríamos de ver repetido para sempre. E ele pode ser hoje.

Boa leitura!

Tadeu Sarmento

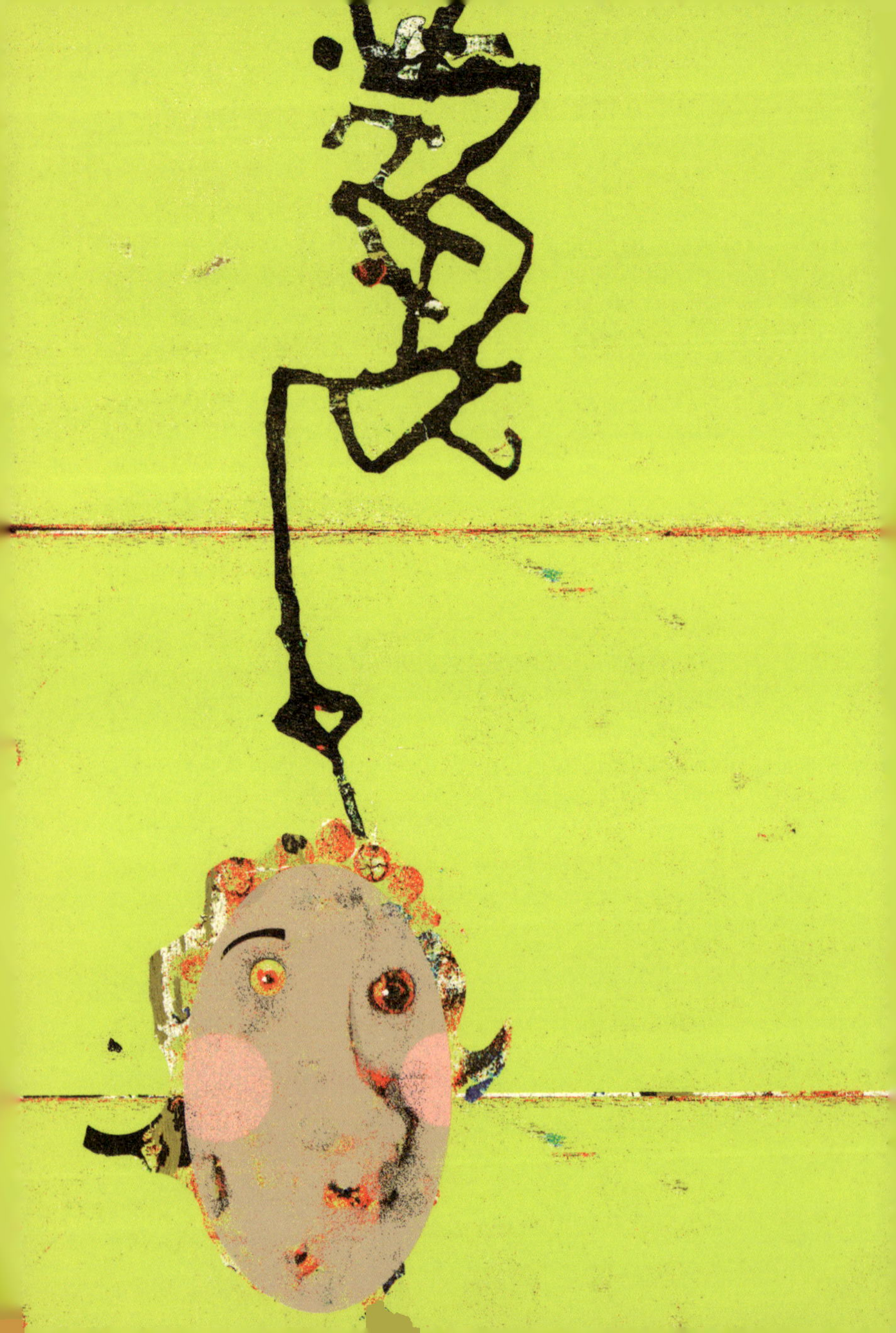

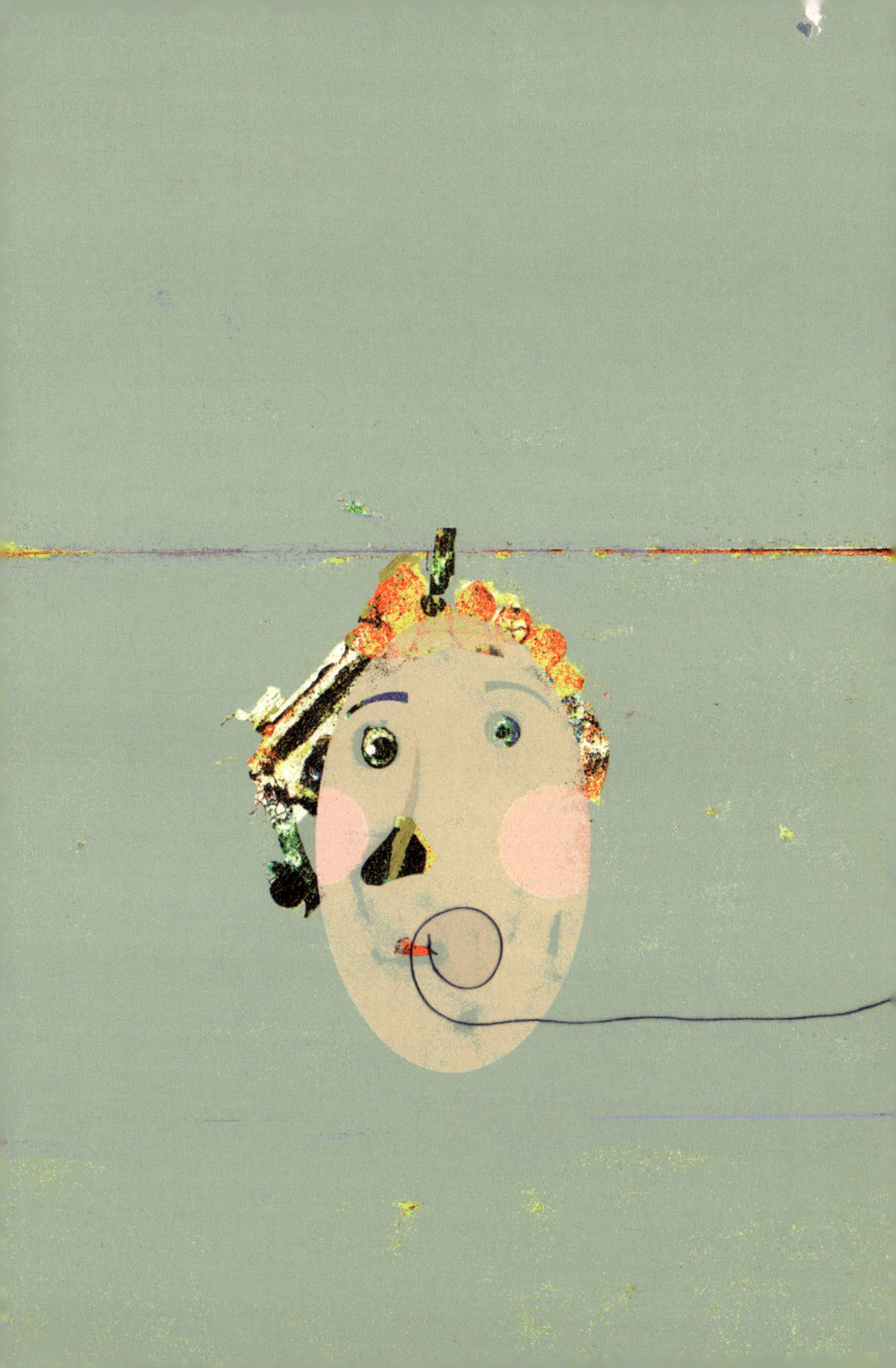

14

Em algum lugar alguém está pedindo por socorro mas não sabe disso. Seus hábitos, o que comeu no jantar requentado e a prece arriscada quando acabou a luz não foram pauta do Discovery Channel. Os cadarços do velho par de Timberlands foram amarrados um no outro por um invasor que não encontrou nada para roubar. Um pedaço de bolo na geladeira tinha muito chantilly e um toco de vela, estava embrulhado num guardanapo de papel com um logotipo e um "Deus é amor". O tubo de pomada para frieira, enrolado feito caracol, já apresentava sinais de ferrugem e rigidez do conteúdo. Todas as palavras cruzadas da Coleção Coquetel Cérebro estavam preenchidas e os criptogramas deixados em branco, com exceção de um que camuflava um número de telefone. O calendário da borracharia do Souza estava aberto em setembro de 1995 e havia duas garotas nuas ocupando o interior vazio de um pneu e um resto de porra. Um livreto que servia de calço para a mesa da cozinha fora adquirido por cinco reais num bar das mãos de um outro alguém que sorriu, quando perguntou: "você gosta de poesia?".

Eu acredito. Em propagandas de detergentes que rendem mais. Eu pago mais caro por eles. Acredito nas previsões de 6.3 na escala Richter num ponto remoto do Japão. Acredito em terapias com crochê e em dicas de manuais de boas maneiras. Acredito nos eletrodomésticos da Polishop e no vale-brinde de uma dose de felicidade sem colesterol. Acredito em cupons da Reader's Digest e no esmalte que não descasca quando tentamos a sorte em raspadinhas. Acredito em saudade e em qualquer um que diga que foi o primeiro a exclamar que saudade é uma palavra que só existe em português. Acredito no amor inteligente dos filmes noir e em fantasmas traídos que ocupam velhas casas abandonadas. Acredito na autenticidade dos reality shows e em edições não tendenciosas de debates políticos. Acredito em sinais de SOS emitidos em madrugadas silenciosas e em senhoras que discam incessantemente o 156 do PSIU. Acredito na substância tóxica de número 3573 dos cigarros vendidos avulsos. Acredito em punhetas batidas para bonecas infláveis e vodus que pequenas garotas escondem debaixo do colchão. Acredito na promessa do último gole, do último tiro, do perdão embutido no último suspiro do paciente com câncer terminal. Eu acredito no mundo de Caras, em cirurgias reparadoras e na melancolia de quem vive com o estômago reduzido. Acredito no ano bissexto de calendários promocionais e em dias comemorativos de consciência de qualquer coisa. Acredito em correntes do bem e convites para entrar em pirâmides financeiras jogados pelo vão da porta de entrada. Acredito em telefonemas de sequestradores que mantêm em cativeiro um parente que eu não tenho. Eu acredito em cartas suicidas feitas com animações do PowerPoint e na fatura do cartão de crédito que acusa a compra excessiva de veneno para rato. Acredito em mágicos de buffet infantil e em pais de aniversariantes que trepam com as cunhadas na hora do parabéns. Acredito nas sete ondas puladas à meia-noite de 31 de dezembro e no imenso tanque de pesque-pague que Deus montou pra se divertir. Um anzol machuca meus lábios. Eu acredito em você.

E parece que todo mundo chega a algum lugar quando amanhece. Você não. Você está preso num congestionamento na Marginal Tietê por causa da queda de um OVNI. É o que você escuta na sinistra estação de rádio russa UBV-76. Você está num conversível, você espera que chova e que as rachaduras de seus lábios cicatrizem. Você pensa em beijá-la e em um buquê de pequenos cactos. Você faz a conta de quanto tempo passou depois da sétima vela do seu aniversário. E tinha aquele pássaro na arapuca que você ficou olhando até que ele parasse de se debater. E ela que gostava de cinco segundos de asfixia antes de gozar. A parede cheia de medalhas e você perguntava ao seu avô se ele era herói de guerra. Ele já não sabia, ele passava o dia inteiro chamando por alguém que ninguém conhecia. Um casal trepava na saída de bolhas de ar da piscina pública quando você ganhou seus óculos de natação. Você quer saber, do motorista do carro ao lado, quanto tempo ainda. Ele faz um sinal com a mão que você acha obsceno e você fecha a capota. Tem um outdoor que não devia estar ali e mostra uma praia que você pode parcelar. Ou é só um flyer preso no seu limpador de para-brisa desde a semana passada. Você já não consegue perceber distâncias. Um animal morto flutua entre as duas pistas. Você pensa novamente em beijá-la e dá seta para a direita. Então você espera.

Alugo vazio próximo ao centro. Já hospedou algumas histórias, mas você não vai encontrar marcas delas por aqui. Precisa de pintura. O apartamento ao lado está vazio, havia um casal de velhinhos mas eles morreram já faz um tempo. De vez em quando um barbudo vem pegar a correspondência, acho que é filho deles, ou sei lá, pode ser só um cara sozinho demais atrás de alguma notícia. A lâmpada da cozinha está com mau contato, mas é só você subir em um dos banquinhos e dar uns tapas nela. Eu jamais organizei os filmes, o que não deixa de ser legal porque um dia você vai acabar encontrando algo que nem sabia que tava lá, tipo o primeiro longa do Wilder. Tem uns talheres de inox na segunda gaveta da cozinha, dentro de uma bolsa de agência de viagens. Use quando você convidar alguma garota pra jantar, e nesse dia não se esqueça de esconder o cardápio do China In Box e todos aqueles ímãs de junk food que estão grudados na geladeira. A vista não é lá das melhores, mas pouca gente hoje se importa com isso. Da janela do quarto maior dá pra ver uns malucos trabalhando até tarde numa empresa de seguros. É tudo bem silencioso, a não ser em dia de jogo. Mas os caras acabam se cansando depois do centésimo primeiro "chupa" sei lá o quê. A torneira da máquina de lavar tá vazando, por isso tem aquele pano enrolado que chega a parecer um espantalho quando faz penumbra.

Tem que comprar uma argolinha de borracha pra vedar, acho que tem naquela loja O Campeão, fica lá embaixo, na Brigadeiro. Tem um velho no quarto andar que sempre sai com uma bíblia na mão e uma gravata borboleta, cada dia ele conta uma história diferente sobre o que não viveu. Mas a gente também mente uma pá de vezes e talvez piore com o tempo. A porta do armário do quarto menor não tá fechando direito. Ainda ficaram algumas roupas lá. Se você quiser, se servirem, fique com elas. São um tanto estranhas, mas podem fazer sua garota rir quando as coisas ficarem pesadas demais. É que às vezes, sem aviso prévio, eu prefiro ir pra outro lugar.

Quer partir logo pro the end? Pensa comigo, qualquer palestra de bacana que se deu bem na vida começa com "no mundo atribulado de hoje", depois segue com algum dramazinho pessoal levemente cômico e voilà! Você pode ter a receita do sucesso que justifique os 650 pilas que você investiu no falatório e sair feliz da vida porque, além de tudo, teve direito a um brunch. Então, minha proposta é: vamos direto às tortillas. Todo o resto, meu querido, são preliminares do fim. Vai ser aquela mesmice que une o "oh, estamos apaixonados e dessa vez vai ser diferente" ao "a gente precisa conversar". Aí é aquele inferno de procurar palavras, construções gramaticais que amenizem a merda toda, referências a uma infância problemática, você merece coisa melhor que eu e blablablá. Ninguém mais tem saco pra isso. E aquela parte da tristeza, então? As pessoas começam a te dar tapinhas nas costas com aquele olhar de comiseração e, porra, isso é chato pra caramba. E a gente começa a ler histórias de desgraças em algum canto do mundo pra se sentir menos miserável. Mas a verdade é: não adianta nada. A coisa é tipo vírus, que tem lá seu período de incubação, seguido por sintomas escabrosos, até que uma hora ele simplesmente se manda. O que a gente aprende disso tudo? Porra nenhuma. E então, vai mesmo me pagar esse drink?

KIT KAT

Ela tava lá tentando tirar a calcinha da bunda, perguntei se queria ajuda, levei uma cotovelada no olho, entrei no ônibus e alguém lá fora gritou "lincha" e alguém lá dentro gritou "bicha é você", depois ficou todo mundo quieto pra ouvir o "olha o kit kat da nestlé, ó, é um por dois e dois por cinco, ó", uma velha comprou, disse que tava vencido e o rapaz respondeu que "pode ver que tá no prazo, ó", mas ela cuspiu tudo e nem viu que a janela tava fechada, e uma criança exclamou "que merda" e tomou um tapa na boca e olhou solidária pro meu olho roxo, eu respondi que daqui pra frente tudo piora e o ônibus freou com tudo e voou criança, velha, caixa cheia de kit kat da nestlé, ó, parecia reality show de suruba onde ninguém goza, nem fingir consegue, uma moça perdeu um brinco e saiu engatinhando até que ouviu barulho de zíper e gritou "sai fora, tarado", mas não era, era alguém abrindo a bolsa pra ver se tinha quebrado o frasco de perfume, tinha, empesteou tudo e um meio bêbado acordou e pediu mais uma dose daquilo ali, enfiaram um kit kat em sua boca, ó, e ele chupou com o que o fulano que ajeitava os óculos chamou de expertise, para a moça do brinco era tudo nojento demais e ela pediu pra descer e o motorista disse que não era parada e que a "cocota que esperasse", a criança fez cara de quem queria saber o que era cocota mas ficou calada, acho que ninguém sabia e que ninguém quer saber mais nada porque já é foda descer com a vida no ponto certo, cacete, passei dois, desci e atravessei a rua pra esperar a volta mas já era tarde demais pra qualquer coisa.

Teu jeito de fritar ovos naquela manhã. Acho que se me perguntassem sobre a mais bela lembrança que eu tenho de você, eu diria exatamente isso. Teu jeito de fritar ovos naquela manhã. Quando você jogou tua camiseta do Texas Rangers no cesto de roupa suja e enrolou um pano de prato ao redor da cintura, prendendo as bordas no elástico da calça de moletom. Teus pés enfiados no velho Rider e o cigarro aceso no canto esquerdo da tua boca. E tal qual santo inquisidor você disse "queima, filho da puta. Teu destino nunca foi ser galo de rinha". Aí mandou um eye of the tiger numa pegada estranha pra burro, tipo new age. E depois esqueceu os ovos, apagou o cigarro na pia e me disse "vem comigo". E fomos até aquela casa antiga no quarteirão de baixo, que tinha um jardim enorme na frente e uma caixa de correio abarrotada de cartas esquecidas. "Tá vendo isso aqui? Vão demolir no final do mês. Vai tudo vir abaixo". E então você ficou em silêncio e soltou a minha mão. Olhei para os meus pés e eu ainda usava pantufas. Você riu e disse que eu poderia fazer qualquer coisa, que ninguém jamais seguiria pegadas de pantufas. Eu tirei um panfleto de pizzaria da caixa de correio e nunca mais te vi.

Eu acordo com um cu de gato na cara. O puto sabe exatamente a hora dos meus primeiros movimentos, se posiciona em cima de mim e levanta o rabo. Mas já acordei com coisa pior e sem grana pro táxi. Andava enfiando meu salto nas imperfeições das calçadas detonadas e me ofereciam carona lambendo os beiços como se eu fosse frango de padaria. Ele apareceu pela janela quando eu assistia a um filme dos três que a velha tinha ali ainda em VHS. Ela jurou que jamais a casa seria minha porque seu marido, meu avô, não merecia vagabundagem do próprio sangue. Não era o que mostravam as fitas e de qualquer forma eu não me lembrava dele. O gato tem um pelo cinza comprido, parece prata às vezes, e eu entro na mercearia e o moleque que atende me arruma umas latas de atum em troca de eu levantar a minha blusa e chacoalhar um pouco, como ele pede. Tenho verdadeiro asco a atum enlatado mas o gato se esbalda. Ele se deita com a barriga pra cima e fica lá sonhando com nada. Bem em cima da poltrona da velha, com estampa gasta e cheiro de sopa de ervilha. Antes eu olhava pra lá e tinha uma sensação esquisita, e quando comentei isso com o moleque, ele disse que tem gente que vive mesmo depois de morta. Acho que ele tinha razão. Agora o gato fica lá e tudo ficou melhor. Os filmes todos tinham aqueles chuviscos e um ruído que não parava. A velha deve ter achado que era uma boa maneira de esconder o passado, e engasgou pra valer enquanto me pedia pra me livrar de vez deles. Eu só sorri e esperei a coisa feder de fato antes de chamar o serviço funerário.

Podia ter sido no banco traseiro de um Buick 1976, pneu furado e tals, numa estrada poeirenta no meio de lugar nenhum. No meio do Arizona. Podia ter um suadouro e um assassino em série de tocaia. Nós dois sob o efeito afrodisíaco das situações de risco. Mas foi naquele hotel escroto com cheiro de puta vencida e cocaína adulterada. Ou ao contrário. Eu embaralho as ideias da mesma forma que você faz com as minhas pernas, eu te roubo atitudes assim mesmo, na cara dura. Podia ter sido na escada de um predinho de três andares porque um trouxa se esqueceu de fechar a porta depois de pegar a pizza anunciada por dez contos no folheto. Você dizendo pra velha sonâmbula, que jurava ser a noviça rebelde num campo florido, que não consegue gozar com cheiro de leite de rosas e atirando seu tênis na lâmpada de emergência. Podia ser no escuro. Mas foi sob aquele fiapo de luz de rua que vazava pelos buracos de traças e iluminava teu movimento doente e – ah, como eu agradeço por isso – isento de delicadeza. Podia ser um resto tosco de dignidade, mas é só você pedindo um tempo pra tirar meus fios de cabelo do seu relógio de pulso. Eu espero, baby, eu espero.

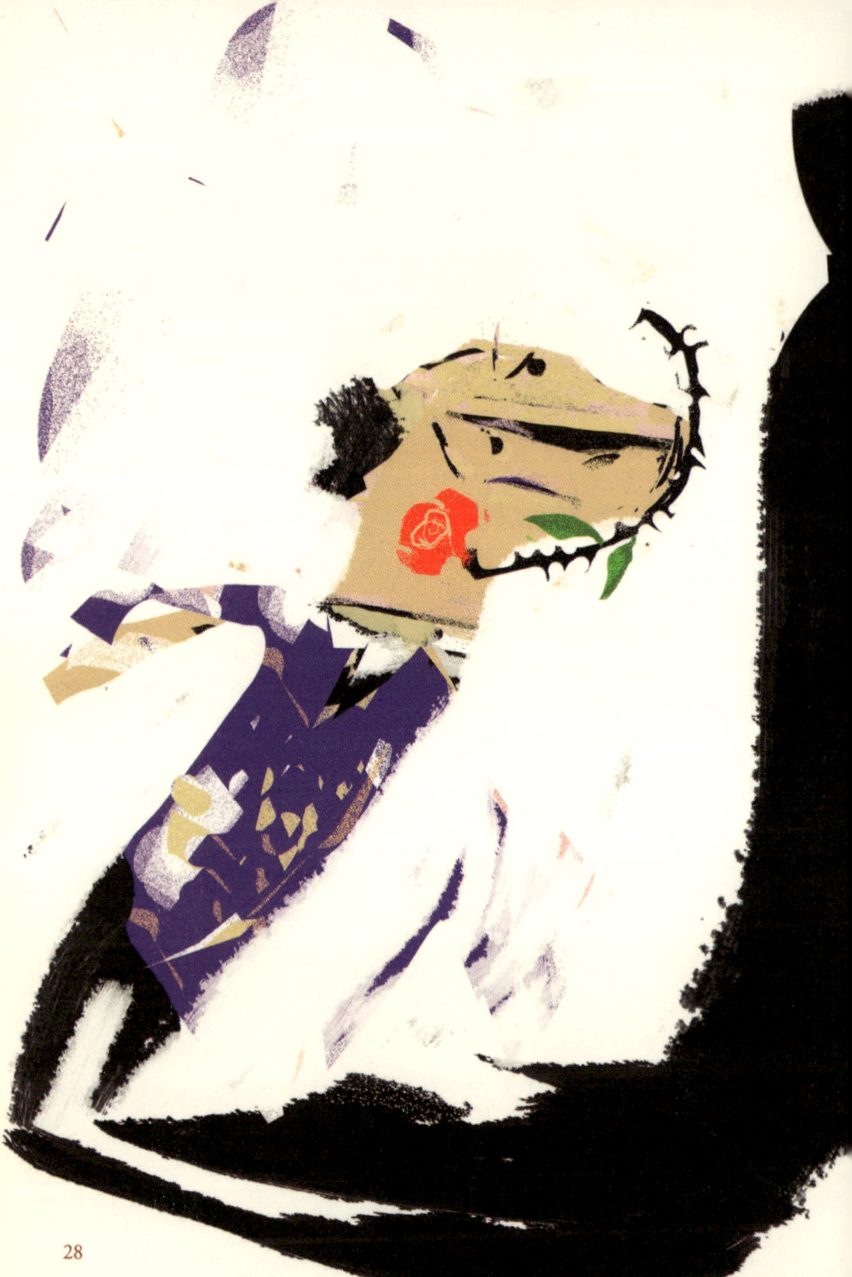

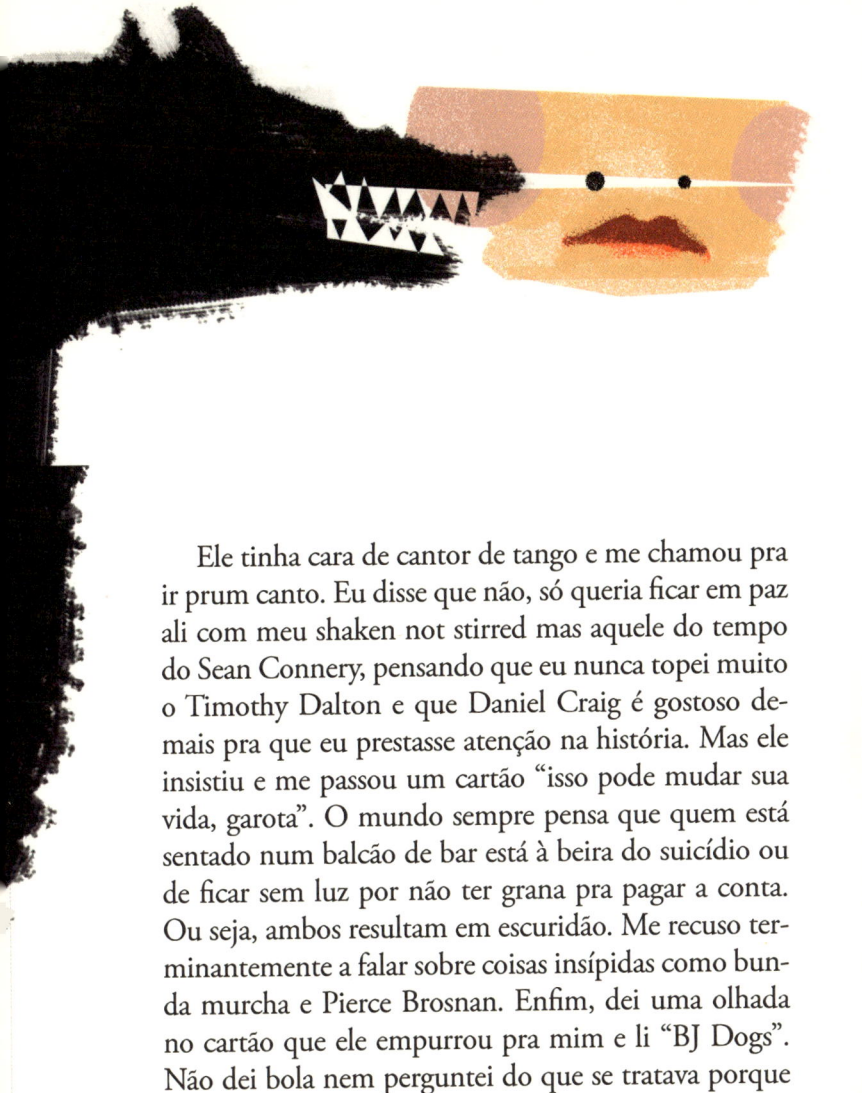

Ele tinha cara de cantor de tango e me chamou pra ir prum canto. Eu disse que não, só queria ficar em paz ali com meu shaken not stirred mas aquele do tempo do Sean Connery, pensando que eu nunca topei muito o Timothy Dalton e que Daniel Craig é gostoso demais pra que eu prestasse atenção na história. Mas ele insistiu e me passou um cartão "isso pode mudar sua vida, garota". O mundo sempre pensa que quem está sentado num balcão de bar está à beira do suicídio ou de ficar sem luz por não ter grana pra pagar a conta. Ou seja, ambos resultam em escuridão. Me recuso terminantemente a falar sobre coisas insípidas como bunda murcha e Pierce Brosnan. Enfim, dei uma olhada no cartão que ele empurrou pra mim e li "BJ Dogs". Não dei bola nem perguntei do que se tratava porque me parecia óbvio. Diante de minha indiferença ele puxou um dos pelos da sobrancelha e disse "não é o que você está pensando, o lance é com cachorros". O lance é sempre com cachorros, pensei. Teve o Roger Moore também, mas eu nunca consegui decidir se eu não gostava ou era birra gratuita. "O negócio tá progredindo bastante, você devia ao menos me ouvir". Mordisquei uma azeitona e fiquei jogando de um lado pra outro na minha boca, me lembrando de um garotinho que abaixou meu biquíni de peixinhos na piscina pública. "É que suas mãos me parecem perfeitas e a coisa não leva mais que alguns minutos". Finalmente encarei aquele protótipo de Alberto Podestá e ele me disse que o lance era punhetar cachorros não castrados, que isso os acalmava, como acontecia com os homens, com a diferença que "o cachorro vai ficar de quatro por você". Era esse o genial slogan que ele soltava antes da gargalhada. Engoli a azeitona de vez e disse que iria pensar. Ele pegou uma caneta e anotou um outro número de telefone. "Só dou esse pra quem eu considero uma grande promessa". Guardei o cartão e dei uma olhada nas minhas mãos. Um filhinho da puta aquele garotinho.

Há sempre um bom livro na banca por nove e noventa e nove, é o que custa uma história que não é sua. Parece que até o diabo escreveu uma, mas está trancafiada em algum lugar de Estocolmo, onde garotas se apaixonam por seus sequestradores. Há algo definitivamente grandioso acontecendo sob as sombrinhas floridas de mulheres que nunca cultuaram nada, nem dias santos. Há um plano B rabiscado no saco da padaria, bem simples de fazer. O cara já tava puto com aquela coisa do "volte sempre", ele jamais agradeceu a preferência de alguém. Há uma guimba presa nos lábios do suicida que, por uma cagada do sistema de informática do laboratório, pegou o diagnóstico errado. Por seis e setenta e cinco você pode comprar um novo maço de cigarros na mesma banca do livro. O mundo segue girando no slogan da transportadora de mudanças. O caminhão que saiu da garagem às sete e três atropelou o malabarista de semáforo, justo no dia em que você havia separado os trocados pra um show qualquer da vida.

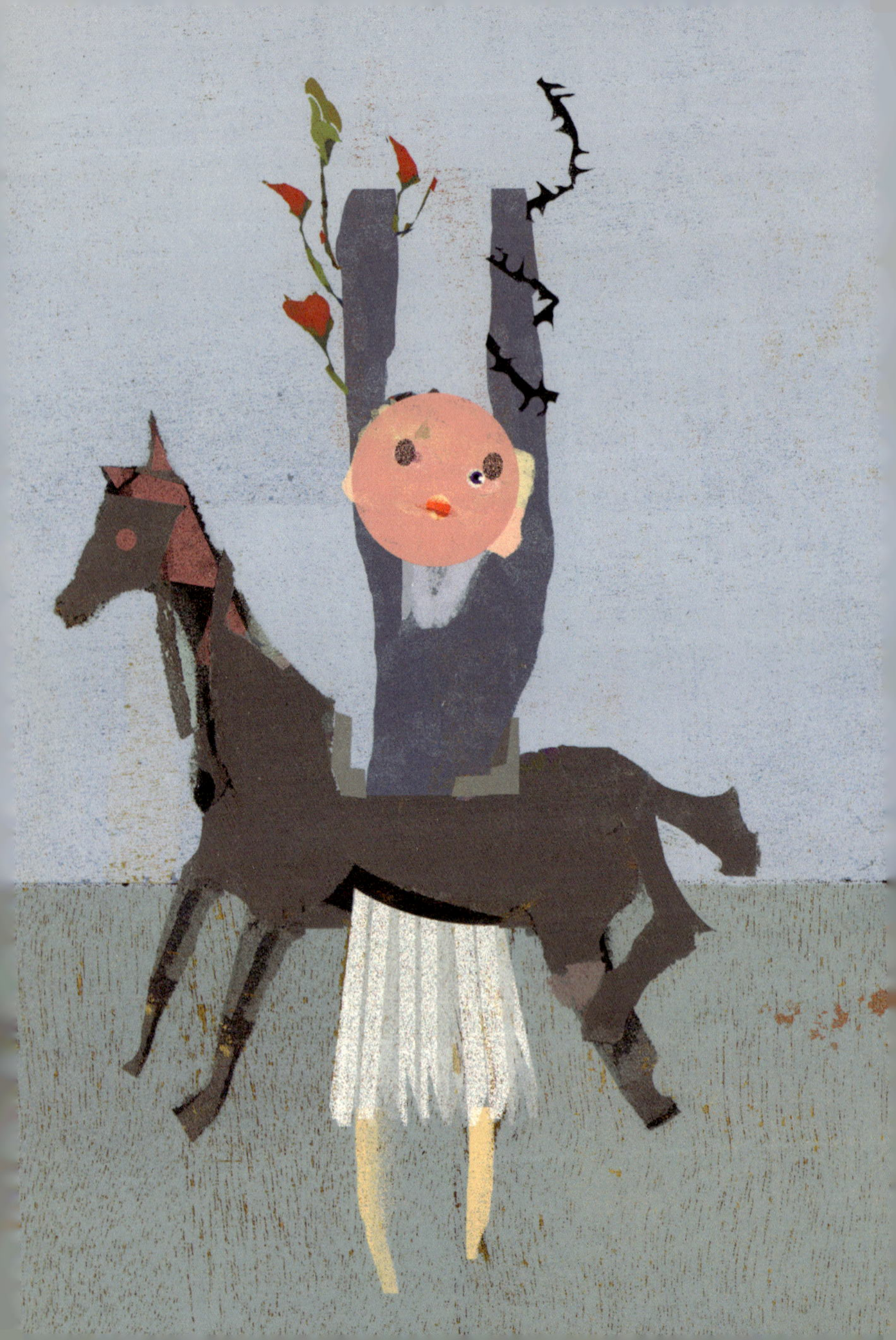

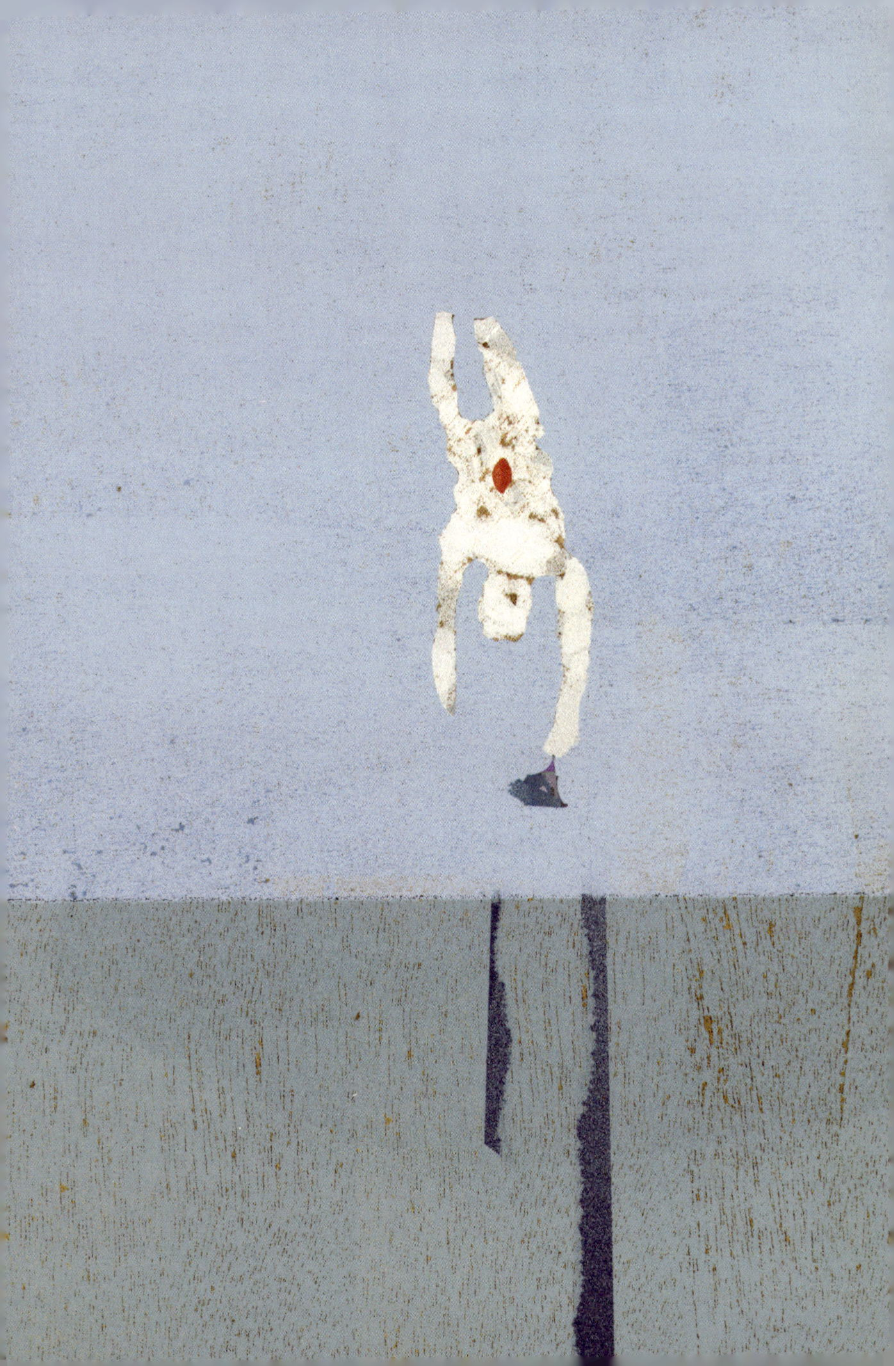

Talvez eu não conheça o Texas e continue me apaixonando por canalhas, fingindo que gozo com palavrinhas sujas, no fundo eu admiro quem fode a nossa vida só porque pode, que nem cachorro que lambe o cu só porque pode, talvez na próxima tempestade eu enfie minhas pernas em uma boca de lobo, grite por socorro, exija uma amputação in vivo, com transmissão ao vivo pro plantão do Jornal Nacional, talvez eu aprenda a montar estilingues pra acertar cofrinhos peludos de borracheiros que dizem que aquele pneu não tem mais jeito, tem que trocar, que por sorte e pelo meu decote ele tem um recauchutado na pechincha, talvez eu me disfarce com um bigode ridículo e um boné "I love midget porn" pra frequentar reuniões secretas da YMCA e vender mini boquetes sobre a mesa de deliberações, talvez eu faça hipnose de regressão a vidas passadas, proclame a abolição de armaduras e encoste meu ouvido no peito nu e deliciosamente excitante de um cavaleiro atingido pelas costas, talvez eu escreva epígrafes personalizadas em jornais para quem ainda não nasceu e tem a vida como opcional, tipo direção hidráulica e ar-condicionado, talvez eu abandone de vez a turma do deixa disso e parta pra porrada aleatória, até que um camburão que lute pela preservação de úteros me jogue lá dentro em posição fetal, talvez eu erga mais um memorial em nome daqueles que um dia acharam que o mundo poderia ser outro que não um balão para destilação de ódio, ou dominado por extraterrestres entediados com seus velhos Ataris, talvez eu faça sapatinhos de crochê na sala de espera do homeopata e venda como protetores de bolas pra caras com cagaço de vasectomia, talvez eu chute o pau da barraca num acampamento de hippies que perderam totalmente a noção do tempo, assobiando a música tema da Ponte do rio Kwai, talvez eu nunca mais hospede loucuras tragicômicas abandonadas na época das festas, talvez eu deixe pegadas pra quando eu me sentir realmente sozinha. São exatamente onze horas e cinquenta e nove minutos de mais um dia qualquer.

Você não devia ser tão bacana comigo, até porque já deve ter ouvido por aí o que acontece quando eu me envolvo. Você vai acabar tendo que levar minha cara de idiota ao cinema, a vernissages que servem prosecco e, nos malditos dias ensolarados, pra alimentar patos no parque. Eu tenho minhas dúvidas de que seja isso que você quer pra sua vida. Quando eu for te apresentar pra alguém, eu vou falar tudo que você é, representa, o que já fez e quais são seus incríveis planos para o futuro. Se você tiver muita sorte eu vou acabar pulando a parte da sinergia entre nossos signos, mas não garanto. Eu também vou te encher de tralhas embrulhadas e te explicar porque cada uma delas me lembrou você. Acho que tua casa não é tão grande assim e vai te dar um trabalhão encontrar espaço pra tudo. Eu vou te dizer que não me importo com tuas manias, que são todas "so cool", originais e inusitadas. Você tem noção de quantas vezes eu te farei assistir as Pontes de Madison? Eu duvido. E a choradeira naquela cena em que ela não abre a porta do carro dura até quase o final do filme. Tua camisa, no ombro, vai ficar toda borrada de rímel e quando você tentar escapar com a desculpa de pegar um copo d'água, eu vou te pedir pra ficar mais um pouco. Eu sempre vou te pedir pra ficar mais um pouco. Eu tenho mil histórias na manga pra impedir que você chegue à saída mais próxima. E eu sinceramente não quero que você fique quebrando a cabeça num plano de fuga qualquer. A época do MacGyver já passou, ninguém mais se impressiona com aquilo. Fica todo mundo com essa cara de "do que é que ela tá falando?" que você tá fazendo agora. Então, cara, na boa, para com isso enquanto é tempo.

Aí ela veio com um papo de que não queria mais sexo "familiar". Que na casa dela não ia rolar mais. Sabe quando mulher começa a entrar nessas de feng shui? Foi tipo isso. Mas com uns argumentos que, sinceramente, eu não entendi nada. Foram desde "eu tenho uma imagem a zelar com o porteiro" a "os gatos andam estranhando o cheiro no edredom". Ou o contrário. Porque até o contrário faria sentido, se existisse um. Pior que eu tava até gostando dela. E, tudo bem, gostar é algo que a gente pode fazer sob tetos retráteis, miniaturas de shampoos e roupões com logomarcas pretensamente obscenas. Mas isso de eu virar um mero intruso anunciado pelo interfone, feito encanador, é foda. Eu sempre perco aquele timing de saber que as coisas estão desandando. Eu fico naquelas de que tá tudo bem, mesmo quando cessam alguns pequenos sinais que pareciam sem importância. Mas não tem outro jeito, tem? Acho que é sempre assim, é tudo inevitavelmente perecível e não há muito que a gente possa fazer. A gente se adapta e pronto, vai levando, não tem drama nenhum. Pelo menos não pra mim. Mas sempre chega o dia em que você encontra uma bomba no pacote. Construída minuciosamente, cheia de fios maquiavelicamente trançados e uma quantidade absurda de pólvora. Pior que eu nunca vi gato algum por ali. A não ser aquele que ela usava pra roubar a programação dum vizinho. A gente até consegue fingir que não percebe nada, mas de repente aquele canal não é exatamente o que a gente tava assistindo.

O problema é que eu sonho com pessoas peladas e elas não são celebridades ou autores pelos quais, confesso, sinto uma atração danada, elas são pessoas que eu conheço, pessoas peladas conhecidas que falam sem parar e confessam coisas que eu não quero ouvir porque há peitos assimétricos e disformes, pintos demais e pintos de menos, parecem testes de Picasso, e com isso eu quero dizer que elas não devem ser exatamente assim, eu jamais parei pra pensar no que havia por baixo da roupa delas ou como elas gostariam de ser na real, mas é assim que elas se apresentam quando eu durmo, é assim que elas me cercam muitas vezes com dedos em riste e a única constrangida no meio disso tudo sou eu, e minha voz não sai e não tem placa de saída e algumas bundas sorriem como malditos emoticons de lado, e me dá um pânico porque ao redor de alguns mamilos há oroboros tatuados e eu começo a procurar pares, eu tenho essa coisa obsessiva de procurar pares também quando estou acordada e eu nunca encontro porque parece que tá tudo desemparelhado mesmo, e talvez seja isso que as pessoas peladas vêm tentando me dizer, mas são ríspidas e me olham como se os pudores que me restam fossem pecados nada originais, já destroçados por cada ser humano que um dia pisou aqui, eu sei que quando acordo todo o meu redor está cheio de suor e de outros resíduos que a gente não consegue evaporar e minha camisola está sempre do avesso, o que eu posso ter feito de propósito antes de me deitar para pregar uma peça em mim mesma, eu caio em todas as peças, promessas e juras que me fazem, mesmo as que saem da minha boca, a minha boca que não funciona quando estou no meio daquelas barrigas proeminentes ou secas ao extremo, algumas parecem esconder os dentes que eu comprimo até não aguentar mais entre minhas mandíbulas costuradas com fio de pesca. Eu não havia contado essa parte ainda.

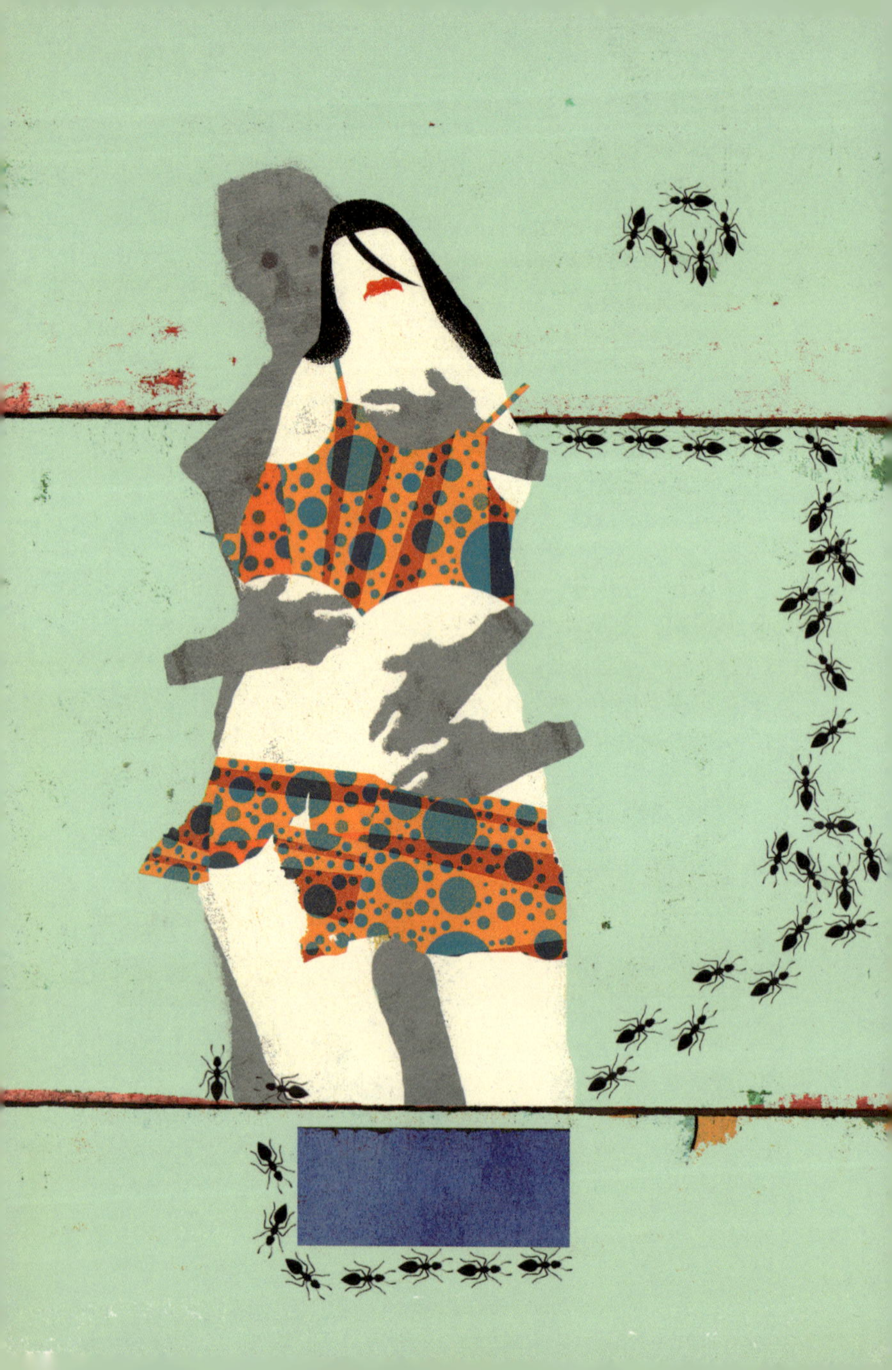

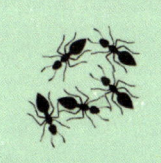

Cheguei por trás, abracei, apalpei seios e deslizei minhas mãos que se acomodavam que nem uma luva nas dobrinhas de sua barriga, corri os dedos médios em direção ao umbigo, levei um "sai, tô lavando a louça", nada mais funcionava, nenhum apelo, movimento, perguntei se ela queria que eu usasse meu pau como tamanduá para acabar com as formigas, porque tudo o que ela fazia era reclamar das malditas formigas, tem formiga na cozinha, tem formiga no banheiro, tem formiga no closet, tem formiga no vão do sofá, me mandou à merda e disse que eu devia comer bisnaguinhas com um prato embaixo, o que era inconcebível para mim, era enterrar minha infância e assumir que, ah, sim, eu estava estragando os lençóis de tergal com migalhas e as migalhas chamavam as formigas, que diabos era tergal? Eu vivia me perguntando, achei que causava arrepios em sua pele mas nem me lembro se um dia foi assim, ela andava usando minha gilete para raspar seus pelos e não limpava depois, resolvi reclamar também, ela disse que eu nunca me importei antes com seus pelos em minha boca, e eu argumentei que isso foi tão antes que antes nem servia pra medir o tempo, tem formiga subindo pela parede também, não era, era uma rachadura na pintura, nem se mexia, mas eu me calei, até ter a ideia de colocar esperma em suas torradas – ela estava novamente de dieta – pra ver se ela sentia saudade do gosto mas ela ligou pro SAC da margarina e xingou, liguei a televisão e ia passar O massacre da serra elétrica, mas eu adormeci antes do final. Foda-se. Eu já sabia qual era.

Eu tô virando um buldogue. Nem cinquenta anos e eu tô virando a porra de um buldogue. Então cê quer que eu deite aqui e fale o quê? Que eu podia ter sido bacana? Que eu podia abanar o rabo que a vida me arrancou pra qualquer fulana? Ela veio cravar aquele monte de unhas no meu pescoço. E eu tava chapado. Eu tava cheio de Tylenol nas ideias e fervendo nuns quarenta e um graus. Eu não tinha mais por onde mandar ela parar. Minha língua tava grudada no céu da boca e, puta que pariu, era tanta afta ou sei lá que nome dão pra essas feridas que parecem crateras, que tudo que eu sentia era aquele maldito gosto de Kolynos de tubo de metal. Eu tô salivando que nem um puto de um buldogue. Então, não. Eu não me arrependo de nada. Pode continuar com esse papo de sol nascer quadrado ou de eu virar diversão pros caras. Tô me lixando. No dia que me liberarem pro pátio eu vou ficar lá no meu canto e ver se consigo negociar um par de óculos escuros. Ou um pedaço de papel celofane. E vai ficar tudo do jeito.

Comece pelo meu pescoço. Evite áreas sujeitas a cócegas ou coisas deliberadamente aflitivas como língua na orelha. Tenta não ficar fazendo apologia aos meus seios com parvalhices do tipo: que bom que você nunca amamentou. Esqueça toda aquela merda de animais trepando no Animal Planet e posições de ioga que meu corpo sedentário e inelástico não tem condições de fazer. Ombro não é nada erógeno pra quem não tá numa sessão de quiropraxia. Passa batido. A falta de simetria entre os lados direito e esquerdo do meu corpo: trate como política. Declare-se de centro, fique em cima do muro mas, uma vez em cima de mim, meta um capacete amarelo na cabeça e finja que eu estou em obras. Não me faça sorrir, meu rosto fica obsceno demais e todo o resto da minha anatomia vai parecer ridículo. Não me fale de suas preferências sobre pelos quando abaixar minha calcinha, concentre-se mais em afastar os meus joelhos que tendem a se atrair feito polos magnéticos opostos. Não dê nome aos bois como clitóris, vagina, ânus, use os dedos e a boca calada. Pense em qualquer pintura renascentista quando mais nada estiver cobrindo meu corpo. Há algo sagrado nisso. Agora pode me foder.

Aos 13 acreditamos em coisas estúpidas como "bater cinza de cigarro na cerveja dá barato". Aos 23 acreditamos em coisas estúpidas como "eu te amo". Aos 33 acreditamos em coisas estúpidas como "lista de pessoas que morreram de maneira estranha aos 33 anos". Aos 43 acreditamos em coisas estúpidas como "ah, você ainda é nova". Até o dia cinzento em que você estaciona seu carrinho de supermercado na frente da prateleira de condimentos e alguém que acaba de acreditar em um "eu te amo" começa a falar "senhora... senhora... senhora". Quando você se toca que é com você, a garota que acaba de acreditar em um "eu te amo" já está bufando e manobrando o próprio carrinho pra passar por outro lugar. Aí vem aquela sensação esquisita, fora de hora, de lugar e de propósito. Você com aquele vidro de mostarda Dijon de 15 e poucos reais na mão, como uma bola de cristal barato. Seu presente não vai além de um medalhão de filé mignon e seu passado é uma medalha de prata num torneio de natação. Isso pouco antes de você começar a bater cinza de cigarro na lata de cerveja. Você pensa que quase chegou a algum lugar e que sempre foi assim. Que aquele garoto naquele parque, comendo algodão-doce, talvez hoje tenha aderido a causas humanitárias e estampe por quinze minutos ou menos a primeira página de sites de notícias. Você só queria que soltassem a sua mão e quando soltaram você quis aquela sensação de volta. Você a procurou em outras mãos, pés, paus, pescoços e tentou se afogar em línguas que, feito lixas, te machucaram. Você, que embalava suas perversões ao som de God save the queen, que tremia só de balbuciar Sex Pistols, nunca se ligou no refrão que gritava "no future, no future, no future for you". São três colheres de sopa de mostarda Dijon pro molho do medalhão. Você pensa no que fazer com o resto. Antes que tudo vença.

"Às vezes acho que a solidão é a gente, uma corda e um banquinho. E quando finalmente aprendemos a fazer nós, não há quem chutá-lo". Concordei, cobri suas pernas com um pedaço de cobertor que ele delicadamente afastou dizendo que aquele trapo atraía insetos e ele não gostava deles. Ele gostava de coisas das quais não se lembrava mais, mas sabia que eram maiores, tinham um cheiro que ficava no sofá logo após o noticiário e me perguntou se Kennedy havia sobrevivido. Antes que eu respondesse ele pegou na minha mão e disse "presta atenção. Vai ser agora. Viu como ela tenta salvar o que resta dele?". Era fim do outono e as árvores seguiam, estranhamente, cheias de folhas.

Eles pararam na frente da vitrine e tocaram na mão um do outro. Sem querer. Havia uma placa "precisa-se de gerente". Ele disse "talvez as coisas melhorem". Ela não havia alimentado o gato ou os peixes ou fora a planta que ficara sem água. Ele sonhara com Chuck Norris e cupins. De novo com cupins, "que diabo". Há alguns anos, ela teria dito "é que você dorme com os pés pra fora da cama". Pensaram quase que simultaneamente num mesmo lote à venda. Ela numa varanda, dry martini e sexo com um desconhecido, ele no preço abusivo do metro quadrado da grama. Depois não pensaram em mais nada. Ela entrou na loja, tirou o chapéu do manequim, colocou na cabeça, pagou. Quando ela saiu, e ela nunca tinha andado tão devagar, ele não a reconheceu. Ele ainda esperou algum tempo, mas a chuva ficou forte demais. Nunca mais se viram, mas não perceberam.

Oi. Tudo bem, sim. Quer dizer, mais ou menos. Tem um troço estranho no meu osso, aquele que fica em cima do pé, sabe? Tipo uma bola, eu não lembro o nome. Não, do lado de fora. Na verdade é na pele, eu falei do osso pra você localizar. Tem a consistência de uma escama de peixe. Não coça não, só é esquisito quando eu passo a mão em cima. Eu só reparei ontem, não é um lugar que a gente fica sempre olhando ou acariciando, né? É, se aumentar eu marco uma consulta, mas a última dermatologista que eu fui era uma merda, vou ter que encontrar outra. Tô só passando um creme de vez em quando, de uma dessas marcas conhecidas mesmo. Uma vizinha que vende. Tinha um cara que sempre aparecia na casa dela. De uns tempos pra cá ele sumiu. Ela anda bem triste, mas tenta sorrir quando fala de colônias e adstringentes. Não, eu não perguntei, eu não me meto nessas coisas. Acho que quando as pessoas precisam, elas falam. Eu, pelo menos, sou assim. Ah, mas aquela vez não era uma coisa fácil de desabafar, era muito íntimo, né? Também acho engraçado isso de "muito íntimo", hoje ninguém mais tem essa noção. Sei lá, falam do preço do quilo do tomate e se confessam como se fosse a mesma coisa. Não tô exagerando, não, pode prestar atenção. A gente tá tipo boiando num plâncton, sabe? Aí um bate no outro , fala qualquer coisa e sai fora. Eu gostava mais quando havia espaço pra gente ficar elucubrando, tentando descobrir alguma coisa, e se divertindo pra valer porque imaginava tudo errado. Claro que com você foi assim também. Putz, eu não lembro direito, mas tinha um sapato que você usava que quase fodeu tudo. Aquele com uns pinos na sola, teve um tempo que tava super na moda. Ah, não falei porque ia ficar chato. Não dá pra gente conhecer alguém e falar dos sapatos. Teve também aquele filme que você me levou pra assistir. Não, você tava de All Star, mas eu odiava aquele ator. Acho que era o Ben Stiller. Como é que eu ia pedir pra sair se você tava rindo à beça? E não foram nem duas horas, aguentei de boa. Uma vez meu padrasto me levou num cinema pé-sujo do centro. Ele enrolou o cara que pegava os tíquetes, disse que eu só parecia mais nova do que era. Acho que deu uma grana pra ele também. Ele tinha umas unhas horríveis, chegavam a cortar, sabe? Não, é a primeira vez que eu tô falando sobre isso. Mas não importa. Eu tô realmente morrendo de fome. Em meia hora tô pronta e você pode me pegar. Podemos ir lá sim. Claro que eu gosto. É sério. Eu gostei desde a primeira vez, juro. Meia hora, tá? Um beijo.

A criança não parava, diziam que a culpa era da mãe aquela vagabunda, diziam que a culpa era do pai aquele canalha que comeu a própria cunhada e uma vizinha, diziam que a criança tinha problema de próstata porque enfiava palitos de picolé na bunda quando mandavam, a verdade é que enfiou um só e ninguém mandou, ela simplesmente teve vontade, se trancou no banheiro da escola girou o troço para ocupado abaixou o shortinho e a cuequinha e mandou ver, parece que sentiu um incômodo mas nada muito grave, e então contou para um colega o que tinha feito, ficou vermelha igual morango em boca de atriz pornô, talvez maçã em boca de porco, não sabia, era daltônica e tudo tinha cor de vômito com excesso de vegetais, o colega a mandou se foder decentemente e foi suspenso por uma semana, um dia executaria sua vingança de colocar pelos pubianos nos refrigerantes do recreio mas ainda não os tinha, embora soubesse exatamente o que era se foder, na vida e na cama, a criança não, a criança se entupia de sonhos de padaria até o creme sair pelo nariz e então tentava assombrar sua família que preferia o noticiário fantástico de gente que morria de verdade, como eles naquele sofá e mais um velho que não sabiam quem era nem perguntaram, podia ser pai de alguém até mesmo da criança, há alguns anos talvez seu pau ainda levantasse e a mãe sempre teve coxas grossas demais para fechar as pernas, o homem que era o pai mas talvez não fosse arrotava cerveja pedia outra para a criança que não ligava, ela gostava de enfiar a cabeça na geladeira e fingir que ali era outro mundo, e era feliz, frangos sem cabeça e assados com farofa dançavam ao som de cantigas de roda e colocavam a criança lá no meio, toda lambuzada de gelatina mas sem aquela parte que enruga que a obrigavam a comer porque comida custa dinheiro, felicidade de merda, tudo custa dinheiro, então a gente tem que engolir, por isso ela também engolia caroços de azeitonas e depois tinha pesadelos com uma metralhadora que morava dentro de seu corpo e atirava sem parar, gritava e a mandavam calar a boca que não era nem dez para as duas embora naquela casa jamais houvesse silêncio, as paredes mastigavam o tempo todo, ruminando aquelas vidas bestas.

Foi quase perfeito o teu jeito de foder a minha vida. Música ambiente, drinks com azeitonas, uma breve análise da minha personalidade e uma história realmente divertida sobre um velho solitário que cultivava chatos no saco. Eu sempre caio em armadilhas de lobos. Um blow job em plena 23 de Maio e um "porra, como é que querem que a gente ande só a sessenta por hora?". Depois disso, barulho de zíper, "tem lenço de papel no porta-luvas" e um puto que te deu uma fechada. Veio no engate tua treta com o hippie que disse que aquela pulseira era a minha cara. Duas por sete, três por dez e noves fora, você me cobrando a ambição de morar num lugar melhor e tentar algo ilícito porque sabe como é, eu posso parecer muito travada às vezes. Se você lesse a quinta página do meu diário de infância, entenderia uma pá de coisas e deixaria a porta do meu quarto aberta. Eu não gosto de barulho, nem que me imponham clausura. Aquela frase pichada no meio do teu caminho de volta, "eu sujo, tu limpa", é minha.

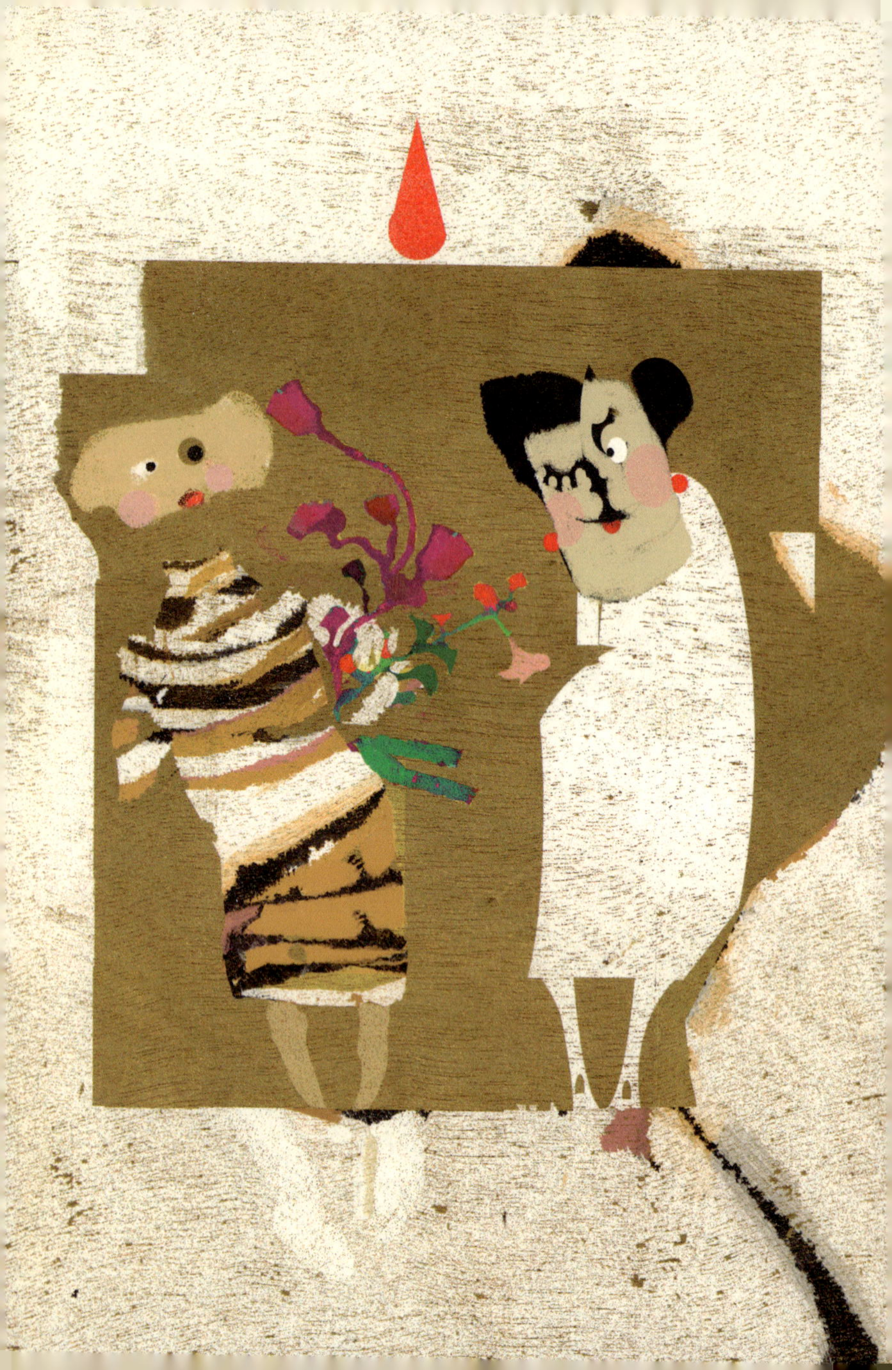

Me entregaram uma vida estranha, com a cláusula "nunca conhecer Paris". Encostado no balcão da padaria, mais uma vez puto com o chapeiro que regulava manteiga, ouvi dois caras falando que Deus estaria, naquele dia, meio que dando sopa em frente ao Parque Trianon. Parece que a garota do posto de informações para turistas ficou doente de uma coisa desconhecida, e ele ia substituí-la. Paguei malditos 4,75 pelo pão, um café aguado e dois chicletes. Saí do metrô entuchado de gente já com a ideia de depois doar um pouco de sangue pra justificar o atraso no trabalho. Ele tava lá, cortando as unhas e juntando as lascas numa pequena pirâmide. Simulei um pigarro e ele me mandou um "do you speak English?". Eu respondi que não, que até o momento meu português tava dando pro gasto. A decepção em seu rosto foi notória, ninguém havia parado ali até então e eu nem ao menos era de uma cidade vizinha. Então eu falei que eu só tinha um puto dum sonho nessa vida, que era conhecer o Crazy Horse em Paris, e que aquela cláusula tava fodendo tudo. Ele alegou que só tava lá substituindo uma garota doente, que não podia fazer nada além de me indicar o melhor caminho pro Memorial da América Latina. Pensei em mandá-lo à merda, ignorando totalmente o fato de que Deus lê pensamentos. Ele me pediu para me aproximar, olhou pros lados e então cochichou no meu ouvido que deixaria o posto às seis e que talvez pudesse quebrar meu galho me indicando um circuito que ele chamava de B. Eu argumentei que não negociava sonho por um trocado e ele voltou a cortar as unhas. Percebendo que eu não me movera, ele falou "next!". Um senhor perguntou sobre a garota, escondendo um buquê atrás do corpo. Quando cheguei no hemocentro, carregando as flores que o velho jogara no lixo, a moça me perguntou se eu tava em jejum. Menti. Ela me disse para aguardar e depois "a propósito, me chamo Suzette, como o crepe!". Deus é realmente um cara engraçado.

Eu disse a ela que não gostava, aliás, detestava, insisti até o ponto em que ela confundiu leve entonação de voz com agressão desnecessária. Então ela ficou olhando pra minha cara mexendo alguns músculos como quem tá com espirro entalado. Me peguei calculando mentalmente quantos músculos deveriam haver na cara de alguém porque sempre fui um bosta pra lidar com silêncio. Eu tive uma professora no colégio que falava de anatomia como se fosse um assunto profano, o que me impossibilitou de aprender qualquer coisa sobre o corpo humano que se distanciasse um pouco que fosse dos instintos que devemos, até hoje, aos gloriosos primatas. Comecei a achar que ela ia espirrar de verdade ou que tinha um cisco no olho. Lembrei de uma menina daquele playground que sempre vinha com um cisco no polegar e me perguntava "vamos fazer um desejo?". Eu cuspia no dedo pra ganhar e ela saía chorando. Aquilo me dava um certo prazerzinho impúbere. Não soube mais dela, a família toda se mudou provavelmente pra algum lugar longe de seus sonhos que eu roubara. Ela continuava calada, juntou as duas mãos em prece e ficou cutucando o queixo com elas. Já não olhava pra mim, mas pra uma foto de revista que ela havia grudado na parede com fita crepe. Era um casal, e a garota tinha os cabelos loiros, estranhamente enrolados. Contei pra ela da vez que tive piolhos e me fizeram usar uma touca plástica florida por uma semana, e que isso já violara o suficiente minha dignidade. Foi o melhor argumento que eu pude dar antes dela entrar no banheiro e bater a porta. Abri um esmalte que estava jogado no chão e pintei o rosto da garota da parede. Ela ficou a cara do vocalista do Twisted Sister.

Eu tô pra concluir que faço parte de algo grande, uma seita pra dar paz pro mundo. As mulheres, depois de passarem por mim, depois de meterem os dois pés no meu rabo, se dedicam a ioga, tai chi chuan, feng shui ou qualquer merda que venha dos confins do Oriente. Buda vira tipo best friend, saca? Trocam toda aquela porradaria verbal por mantra. A última começou até a fabricar incensos caseiros, pelo menos foi o que me disseram. Parece que rolou B.O. de um vizinho alérgico. Outra virou vegetariana e se enfiou numa dessas causas de preservação de bichos. Ela vivia me xingando de "seu animal". Pra você ver que tá tudo conspirando mesmo. E olha que eu nunca fui pequeno príncipe de ninguém. Tava mais pra Átila, o huno, embora eu discorde veementemente de terem colocado o coxinha do Gerard Butler pra protagonista da série. Aí querem que mulher não se iluda. Querem que elas acordem ao nosso lado e deem aquele sorriso terrível de "vou te transformar numa pessoa melhor". A decepção é inevitável, né, brother? Não tem muito que a gente possa fazer. Tô longe de ser candidato a canonização já que nem beato eu fui. Mas eu tinha meu jeito de gostar delas, porra. E olha que elas piravam naquilo de "vai ser gauche na vida" do Drummond. Sinceramente, eu não entendo. Fico só na impressão de que elas estão levitando por aí, achando o mundo bonito lá de cima. O mais perto que eu chego do místico é dormir sozinho nesse colchão velho que parece cama de faquir. Elas viviam reclamando. Mas quer saber? Agora eu coloco Hellraiser pra tocar. Bem alto. Cada um escolhe seu tipo de paz. O inferno vem sempre de brinde.

Vontade de Leonard Cohen, gim-tônica, Dawg Fight na televisão sem som porque as dores mudas são mais autênticas, se bem que as ruas daqui às vezes mandam um latido que se confunde com o tempo em que depredavam orelhões por fichas ou topadas distraídas, e que o inverno chegasse amanhã bem cedo até que fosse possível desaparecer sob mantas e fazer pequenas tranças em franjas de cobertores, as mãos geladas procurando a meia que escapou do pé esquerdo que era o lado em que ele dormia quando chegava tarde, também porque havia minhas superstições e uma insistente otite que só me deixava apoiar a cabeça de um lado, eu sempre durmo de lado e acordo de bruços como marca de polícia na posição do assassinado, e eu me mantenho assim até que eu pense em um álibi do cacete pro caso de alguém me perguntar se já me conhece de algum lugar. É que eu já morri pra tanta coisa.

A primeira vez que meu pai olhou pra uma bunda de mulher eu levei um susto. Não pela bunda em si, que era ok, mas alguma coisa entre tudo que eu acreditava começou a desmoronar. Eu nem sei se esse é um assunto apropriado pra depois de uma foda, mas é que eu parei de fumar e talvez fosse até o caso dos motéis deixarem um plástico bolha no criado mudo pra gente ter o que fazer senão falar. Acho que eu vou colocar na caixa de sugestões. Você viu se tem uma? O fato é que era um casamento, eram duas pessoas acreditando que poderiam ser, sei lá, felizes. Essa mulher, a da bunda, era loira e usava um vestido cor de vinho. Não sei te dizer quantos anos ela tinha, chuto uns 30 e poucos ou até mais, porém bem disfarçados. Na verdade podia ser menos, quando a gente é criança acha todo mundo muito velho. E olhando agora pra esse espelho no teto, eu não acho que alguém ainda viraria o rosto pra olhar pra minha bunda. Então vou ficar com no máximo 30 mesmo pra ela. E ele ficou com os olhos super vidrados, sabe? Eu comecei a comer rápido pra ver se me sentia menos constrangida com aquilo, pra arriscar uma engasgada feia e alguém gritar "tem algum médico aqui?". Sempre tem, né? Médico é tipo o Sim da tábua Ouija. Eu queria ter uma. Mas eu não engasguei. Eu não consegui tirar meu pai daquele êxtase. E eu nem sei se tinha esse direito, mas o que eu sabia da vida também não valia mais. Quando você me conheceu, você me falou que eu tinha um jeito estranho de andar, lembra? É que eu carrego uns troços esquisitos. Não na bolsa, na cabeça mesmo. Então eu acabo ficando meio encurvada pra não perder o equilíbrio. Sabe pombo? Dizem que eles mexem a cabeça pra frente e pra trás pra não caírem pro lado. Não acredito muito nisso, acho que é só o jeito deles mesmo, que um dia um resolveu fazer isso e os outros imitaram porque é assim que as coisas são. Uma vez uma tia me deu um beliscão no braço para eu parar de cheirar o sofá de casa depois que as visitas saíam, dizia que era coisa de gente porca. Ela morava lá em casa, mas eu não sei por que, nunca me explicaram. O engraçado é que eu não me lembro do rosto da mulher. Quando tava todo aquele alvoroço por causa do buquê da noiva, eu fingi que meu guardanapo tinha caído e entrei debaixo da mesa. Acho que eu não tenho as manhas de te contar mais nada. Na verdade nem é justo. Não tem aquele ditado de o que acontece em Las Vegas fica em Las Vegas? Devia ter um tipo para debaixo de Las Mesas também, né? Foi uma piada. Eu só queria te fazer rir mas nunca fui muito boa nisso. Daqui a pouco ligam pra falar que o prazo acabou. E eles têm um prazer todo especial em dizer que o prazo acabou, você já percebeu? Acho que eu vou falar disso também na caixa de sugestões. Você não viu mesmo se tem uma?

Ele queria sair comigo e se chamava Platão. Diante de minha negativa ele encostou uma pistola d'água na minha cabeça. Achou que eu ia rir e mudar de ideia, mas não aconteceu uma coisa nem outra. Então ele disse "bem, não custa tentar. Até o Elton John tentou se casar com uma garota". Eu já tinha ouvido isso em algum lugar, mas não conseguia me lembrar onde. Aí ficou aquele silêncio estranho e três pingos caíram no chão formando os vértices de um triângulo isósceles. O último cara que me despertou alguma coisa pra além do instinto aguçado pela ovulação cantou "Lips like sugar" enquanto me servia um gim-tônica. Claro que pouco depois ele desapareceu como quem é engolido pela neblina num filme de Frank Darabont. Foi quando eu decidi por um voto de castidade por tempo indeterminado com direito à renovação, o que não é a coisa mais simples de se explicar pra quem encosta uma pistola d'água na sua cabeça. E a minha tava tomada por um único pensamento: aquele cara pelado usando apenas um coldre. Não é a imagem que mais combina com uma loja de brinquedos. Eu devia ter optado por comprar um pijama pro moleque, não faria diferença alguma pros três anos que ele tava completando. Saí sem embrulho algum e entreguei o ticket do carro pro manobrista do valet. E, sei lá por que, abri minha boca estúpida pra perguntar o nome dele. Ele respondeu com um grunhido do peso de ter que trabalhar na porra de um domingo. Eu quase me desculpei mas alguém atrás de mim buzinou. No terceiro farol fechado eu ainda não sabia quem tinha falado aquilo sobre o Elton John. Então começou a garoar.

Eu enfiei uma navalha na perna naquele verão. Até a dor me fazer gozar. Foi assim a minha primeira vez. Eu usava meias escolares até os joelhos, eram brancas, e tocava uma música do Poison. Era a navalha dele. Ele tinha uma barbearia e uma acusação de assassinato e me contou um dia que foi legítima defesa enquanto desfazia as tranças do meu cabelo. Eu usava uma saia plissada com estampa de joaninhas. Eu passei meu dedo indicador pelo sangue que escorria com cheiro de metal melódico e tingi meus lábios e então minha língua. Foi nessa hora que não era mais a música, vinha do andar de baixo. A zebra do Fantástico dizia "deu zebra" e ria. A ZEBRA do Fantástico DIZIA "deu zebra" e RIA. A ZEBRA DO FANTÁSTICO DIZIA "DEU ZEBRA" E RIA. Alguém comemorou os 13 pontos na loteria esportiva, ninguém ouviu meu grito. Ninguém sentiu os músculos da minha perna imaculada entrando em contratura. Ou meus pulsos se contorcerem em esconjuro ao resto do meu corpo. A tudo que latejava. A tudo que suava infecções, que misturava sintomas de tétano com diagnóstico de lascívia. E eu escrevi no meu diário: estou doente. Estou irremediavelmente doente. Eu nunca mais fui feliz daquele jeito.

Ao invés de pousar minha mão sobre algum livro sagrado e responder sim ao "jura que a vida é isso, somente isso, nada mais do que isso?", gastei tudo que tinha com patês em bisnaga. Eu chupava um atrás do outro como se fossem pauzinhos sujos de garotos que não sofreriam por mais nada que não fosse acne pustulosa. Um deles cresceu e perdeu o olho esquerdo em uma briga, ou foi só o que ele me contou enquanto me prensava na parede e avançava a mão cascuda por debaixo da minha blusa. Tem essa necessidade besta de ter que falar alguma coisa o tempo todo e tudo bem, a gente saca algo do bolso ou daquelas dobras na pele que "merda, isso não estava aqui antes". O fato é que você só precisa se livrar daquele pequeno aro de metal e a bisnaga já começa a jorrar. Pode usar até uma tesoura torta de cortar unha, aja como se fosse uma autópsia ilegal realizada às pressas em local clandestino, tudo em nome de alguma emoção que honramos forjar diariamente. Curiosamente ele não falou nada sobre a aspereza das mãos e eu não queria correr o risco de ouvir mais uma desgraça ou constatar que era só relapso mesmo. E, sei lá, propiciava uma sensação estranha que não era de todo ruim nem pior do que outras que acompanharam promessas de amor eterno e um cineminha às seis. O próximo passo você pode chamar de a obra de sua vida. Todos aqueles saquinhos ainda com resquícios de amido, ovo em pó, maltodextrina, estabilizante polifosfato de sódio e lembranças capturadas por uma Kodak Instamatic Xereta podem ser empilhados, alinhados, entrelaçados, rasgados, triturados e ninguém vai ousar dizer que não é obra de um gênio incompreendido. Se você não quiser posteridade, simplesmente jogue tudo no lixo, o que também vai gerar hipóteses hilárias sobre o que aconteceu. Quando ele dobrou a esquina tudo que ficou foi um cheiro estranho, que nem cheiro de solidão quando a gente abre a geladeira vazia. O garoto da loja de conveniência perguntou se eu ia levar tudo aquilo mesmo. Da pequena caixa de som vinha algo que soava como The Carpenters. Deixei que ele ficasse com o troco. Até que foi uma bela barganha. Não creio que demônio algum fizesse oferta melhor.

Eu comecei a desenvolver certas obsessões e o ponto é: ninguém era obrigado a ficar comigo, é o lance do livre-arbítrio, né? Serve pra uma porrada de coisas e inclusive pro velho e bom incomodado que se mude. Mas ele ficava, ele tentava me curar ou me fazer pensar em outra coisa, o que também acabaria se constituindo numa obsessão e era isso que ele não percebia. Não tem ninguém muito normal por aí, no fundo tá todo mundo usando uma camiseta imaginária com alguma palavra tipo "roubada". Mas ninguém mais lê porra nenhuma hoje, fica todo mundo na punhetagem do keep calm e qualquer coisa quando na verdade tá fervilhando por dentro e tentando dar, qual o termo mesmo? Vazão. Vazão aos sentimentos. E quem entende disso certamente já se pegou cantarolando "feelings, nothing more than feelings" no chuveiro. E nessas pode rolar de tudo, né? Crochê, coleção de borboletas, esculturas com clipes, fabricação caseira de incensos (essa quase deu uma merda gigantesca, rolou processo dum velho alérgico do apartamento vizinho), sabático de sexo, enfim, não dá pra virar pra nossa mente e mandar um "ei, tenha certa lógica e siga alguns princípios". Porque inclusive se a mente seguisse algo desse naipe nem haveria relacionamentos no planeta, só haveria mais hortas espalhadas por aí e quem sabe crianças realmente nascendo de repolhos. É uma boa teoria, eu não vejo um mundo sendo mais perfeito que isso. Todo mundo feliz pra burro. A não ser que aparecesse um novo Charles Manson. Foi o que eu disse a ele quando comecei com o lance de afiar facas alucinadamente. Ele não levou nem a escova de dentes.

Meti. Meti mesmo. Meti com tudo. Meti tanto que parecia que vísceras estavam sendo despejadas por inutilidade funcional. Quando acordei eu tava com uma ereção tão magnânima que dei uma cutucada nela e disse "olha só isso, baby, pode me chamar de Monte Everest". Ela respondeu com um grunhido tipo iurlll. No meu sonho, ela, que não era ela, tinha uma bundinha com três ângulos de empinação e gemia que quase uivava e me chamava por um apelido que eu não entendia mas me excitava ainda mais. Essas coisas de sonho mesmo, sempre tem uma parte que a gente não entende, tipo a vida. Ela virou para o outro lado e sempre que fazia isso estalava os lábios. Eu havia aprendido a usar essas palavras esquisitas como "magnânima" com ela. Cheguei bem perto de seu ouvido e cochichei "quer trepar, baby?". Iurlll. Fiquei tentando lembrar se foi no Everest que caiu aquele avião e um tinha que comer o outro pra sobreviver. Acho que não era, mas tanto faz, eu também já não contava mais com o relevo de dois minutos atrás. Ela devia saber, sempre teve o que ela chamava de "um lance com a natureza". Pra mim eram só lugares pra gente ter onde pisar. E, sei lá, se deu alguma segurança a gente fica por um tempo ou pra sempre, não tem como saber. Cara, três posições de empinação. Tentei voltar a dormir porque às vezes os sonhos continuam. Não exatamente de onde pararam, mas continuam. Ela havia me ensinado um negócio de respiração e relaxamento. Até que funcionava e a sensação de olhos pesados não é de todo desagradável, faz com que o tempo passe diferente. Então ela se levantou e foi até a janela. Eu via o contorno de seu corpo através da camisola curta. Ela sorriu para mim: "o sol está nascendo, vem cá ver". Tateei o chão em busca dos meus chinelos. Estavam no lugar de sempre. Tá bom, baby, eu vou.

Não me fala de saudade. Não hoje. Aproveita e não me pergunta nada. Eu sei que o mundo tá uma bosta aí fora, mas não entra. Eu passei cera no chão pra que um dia deslizássemos juntos – duros que somos – num holiday sem ice. Os mosquitos voltaram com tudo, eu não consegui dormir. E esquentou, esquentou muito. Eu sabia que iam matar o cachorro naquele filme, e foi logo no começo. Tá tudo previsível demais, mesmo quando atrasa. Tudo cheira ao que fica guardado na gaveta por anos. Eu arrancava braços e pernas e olhos de bonecas e passava creme rinse em seus cabelos até que não me presentearam mais. Ninguém acreditou na garota que alegou que seu vizinho havia tocado sua perna com herpes e pau duro. Ninguém acredita no que não quer. As pessoas riem de macacos escravizados na China, com correntes no pescoço e vestidos de seda. Não é engraçado, mesmo que fossem de chita. A vida tem que acabar na hora da matinê. Depois não pode. Depois as pessoas xingam. Depois você é um velho numa fila que ainda tem na carteira o ingresso daquele show. Daquela banda. No verso, o telefone daquela ruiva que você nunca ligou. Os números que um dia você apostou no jogo do bicho. Deu outro. Eu me olhava no espelho com a língua tingida de anilina roxa que nem gangrena. Diziam que dava câncer, mas dependia do ascendente. Todo mundo acredita no que quer. No luminoso, um rabisco de caneta Pilot transforma exit em êxito. Mesmo assim, até agora, ninguém saiu.

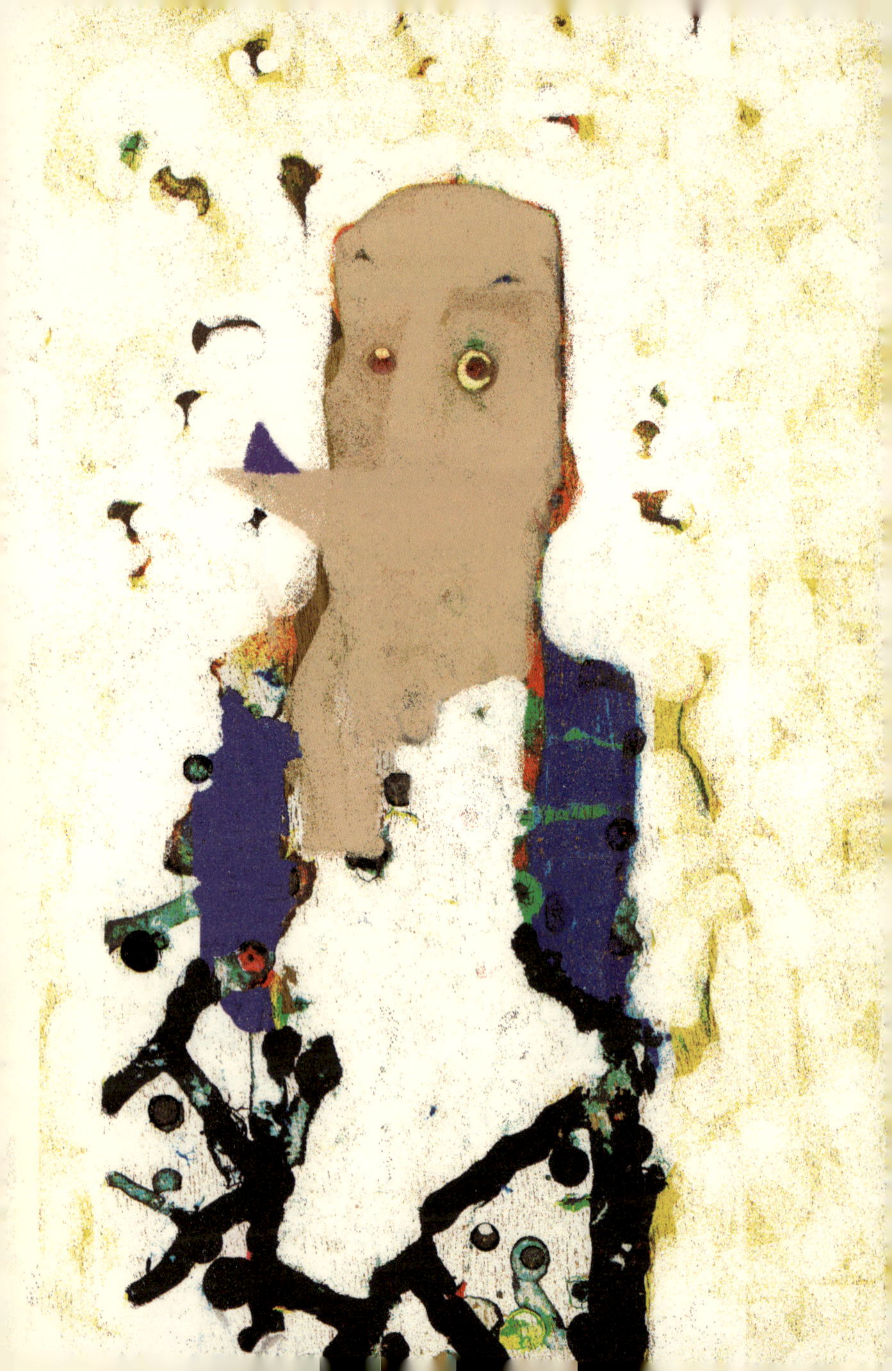

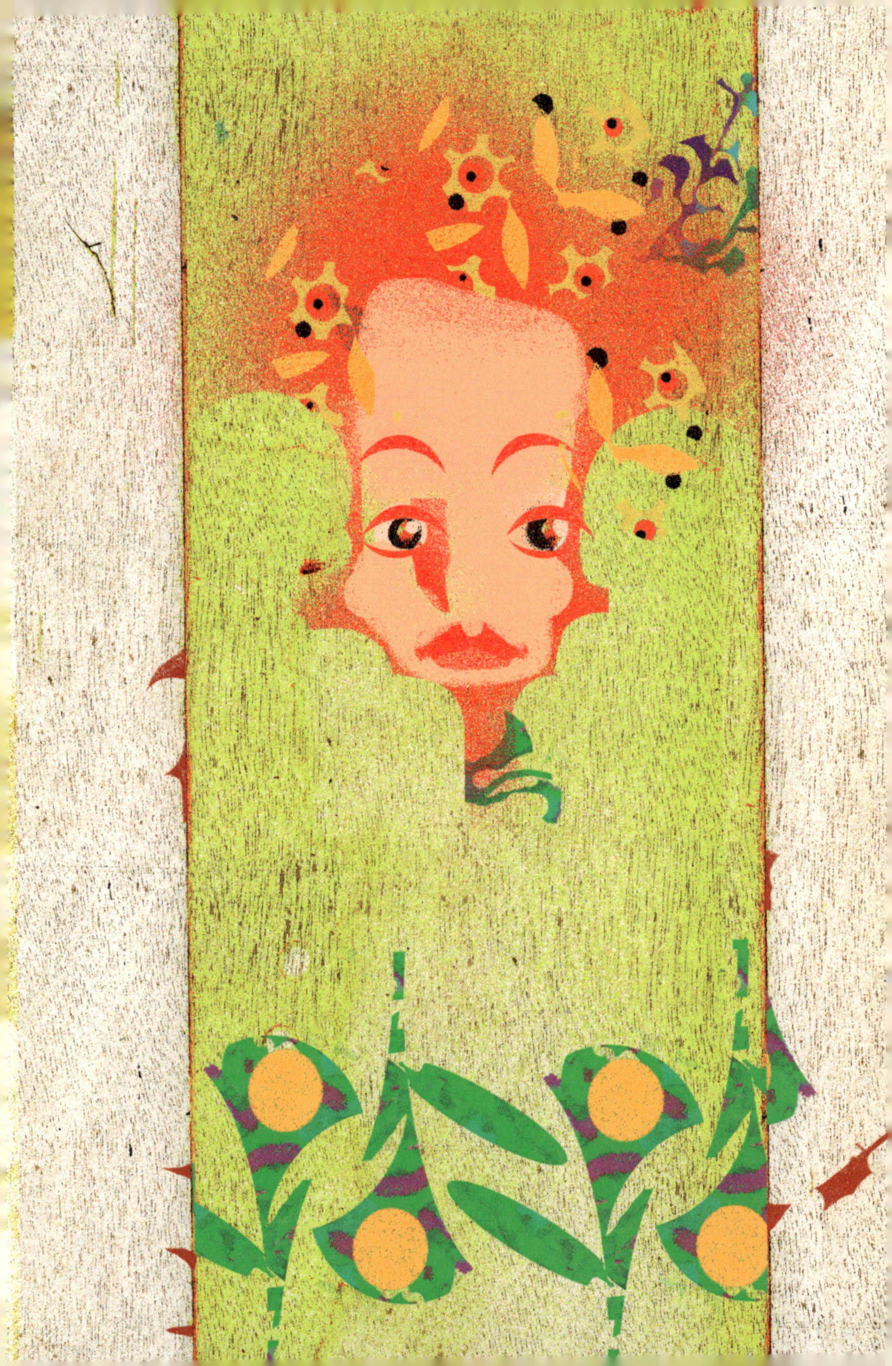

Eu deveria ter quebrado o vidro, é o que nos dizem para fazer em caso de emergência. Antes que seus olhos me tocassem e eu – puta merda – caísse feito um patinho. Eu já tinha perdido coisas demais pra resistir a elogios. Eu já tinha lido todas as merdas possíveis sobre superação. Faltou só parar de acreditar em super-heróis. E em previsões do tempo. Porque naquela noite, ao contrário do que disseram, chovia. E eu só conseguia pensar em E. E. Cummings. E meus joelhos, belo par de idiotas, diante de suas mãos imensas, acabaram, inevitavelmente, se distanciando.

Ele usava um uniforme bege da cabeça aos pés, cor de merda pré-natal e um cinto com iniciais douradas lembrando algo realmente pomposo como Anno Domini. Meu nariz se encaixava lá, bem no meio do D, fungando um perfume mais vagabundo que barato de uma fulana que divertira o velho pra valer. Até que um dia ele "troçou", como ela mesma disse, teve um treco, um derrame, caiu duro como pau de sebo sem manutenção. Então ela foi ficando e fazia cócegas nos meus pés dizendo que era assim que tudo começava, com um arrepiozinho subindo pelas veias até o dia em que meu vulcãozinho reagiria como um homem de verdade. Quando ela cochilava no sofá eu enfiava as mãos sob suas nádegas espumosas e apertava bem de leve e então eu mesmo quase adormecia enquanto ela relaxava e desgrudava as coxas. Fazia um barulho de gente que ajeita a dentadura sem pudor e cheirava a tudo que eu ainda não havia descoberto. Uma imensa trilha de veias ia de seus pés até aquele amontoado de pelos que tomavam sua virilha. Eu tinha vontade de acariciá-los, de saber como eles preencheriam os pequenos vãos entre meus dedos. Pareciam avermelhados de tinta e tinham forma de molas de rádio, aquelas do buraco das pilhas que ela mesma havia me ensinado que tinham lado positivo e negativo e que poderiam me confundir se não prestasse atenção e aí nada de música ou notícia do mundo lá fora. Eu dizia que já conhecia o mundo lá fora, que o velho mesmo me levava no banco de trás do carro quando tinha vontade de olhar as coisas. Então ela ria alto, se chacoalhava toda, encaixava minha cabeça entre seus seios e um dia eu vou perder todas minhas lembranças, menos essa. E quando ela me puxou pelo braço, dizendo que eu já não tinha mais idade pra bater bola no muro do quintal, ela pediu e eu obedeci, que eu me sentasse ao seu lado, em frente à cômoda com espelho. Ficou calada por um tempo, enrijeceu a coluna e seus lábios meio que latejaram. Peguei um de seus anéis e rodei como pião de corda. "Ganhei de um homem que chamavam de coronel mas não tinha é nada. Pode ver, é falso como defunto vivo". Ela desabotoou um pouco a blusa e me mostrou uma cicatriz logo abaixo do umbigo. Parecia uma marca de facada mas ela a tocou com tanto cuidado que eu nem perguntei nada e como que por gratidão ela lambeu minha bochecha e disse que a noite era de festa. Seguiu abrindo os demais botões e pediu que eu nem piscasse. E ficou nua, pelada como quem nasce de improviso no meio da rua mas pronto para sair andando. Seu corpo era quase velho, gordo, podia me engolir de fome ou por qualquer descuido e vontade. Ela passou um batom com cheiro de flor e me vestiu com uma roupa de linho branco. "Já vivi muita gala nessa vida, mas nunca vi realeza como essa sua". Quando a música começou ela falou que era só fechar os olhos e me deixar levar. Quando a vitrola parou eu nunca mais a vi. A pequena calça eu deixei ainda por anos pendurada no varal. Até que me disseram que naquela mancha no cavalo nem água sanitária brava dava jeito.

Eu sei lá, cara. Quando dei por mim tava na sala de espera do consultório do bacana. Tinha uns troços lá pra ler, mas cheio de, como é que fala? Termo técnico, né? Eu não sou de levar mico não, de meter minhas fuças atrás dum troço desses pra parecer coisa que eu não sou. Eu sou é isso aqui. Sujeito que espera outra coisa de mim não tá pagando pra isso. Então que se dane. Mas eu tava com essa dor lascada no meio das costelas. Também não entendo nada dessas coisas que tem dentro da gente. Sei que os bacanas têm um jeito de ver tudo lá dentro. Eu não. Eu olho pruma mulher e é aquilo ali que eu tô vendo. Eu gosto de bunda de mulher. Eu gosto pra caramba de bunda de mulher. Parece que o sol vai nascer lá no meio e que tudo vai dar certo no dia da gente. É que quando eu saio ainda tá escuro. Um dia um magricela me entregou um folheto que tinha uma pergunta. Perguntava assim: será que Deus é cruel? Aí eu perguntei pra ele se eu tinha que responder. Ele disse que não. Mas que eu devia ler tudo que tava escrito ali, que eu ia encontrar a resposta. Eu não entendo muito isso de ter que perguntar uma coisa se a coisa já tem resposta. Dobrei e coloquei no bolso junto com os bilhetes de loteria. Não dou muita sorte com jogo. Uma vez raspei um negócio e ganhei um ferro de roupa. Dei pra minha mãe. Ela anda preocupada comigo, mas eu disse que não era nada, que tava tudo bem. O bacana falou uma outra coisa. Mas eu não acreditei muito nele não. Ele também esconde umas coisas no bolso que eu sei.

"Por que você não se senta um pouco?". Sempre falam pra gente se sentar um pouco, que assim as coisas se ajeitam, que, sei lá, vai ver Deus não gosta muito de quem fica de pé. Pode parecer meio petulante ficar de pé no meio de tudo que acontece por aí. Ela não era de sorrir muito, sabe? Mas eu acho que tinha uma maneira bem especial de resolver tudo num canto qualquer, enquanto fingia que tava fazendo outra coisa, tirando uma sujeira encardida ou matando uma aranha com a vassoura. Mas como eu tenho esse problema na perna eu acabo me sentando quando me pedem. O tempo vai passando e vão aparecendo esses troços na gente, nem dá pra reclamar porque é assim mesmo. Cada um vai carregando suas coisas prum lado e pra outro, alguns sabem pra onde, outros não. A gente acabou ficando porque achou que não tinha nada demais pra ver lá fora, quer dizer, mais ela que era assim, e eu acabei vendendo a Belina. Na verdade eu entendia até. E tem que tentar entender porque um não mora na cabeça do outro, né? Não tem outro jeito de funcionar. Ela nem gostava muito desse vestido aí, dizia que era feio demais e com o calor do diabo que faz nessa terra não dava pra usar manga comprida. Mas é que ela deve ter se atrapalhado na hora de fazer a coisa e fez um estrago e tanto nos braços. Ele nem é tão feio assim, é?

Por deuses! Se você continuar me olhando desse jeito eu desviro o Santo Antônio que ganhei numa gincana em 1983. Eu desbanco o Frejat em pelo menos 37 atitudes a serem tomadas. Eu paro de medir vazios com os 25 metros de fio dental mentolado. Eu revogo qualquer voto de nunca mais que eu depositava diariamente na urna made in China. Eu paro de desabafar com o porteiro, a caixa do supermercado, o fiscal de táxi e até com aquele boneco do posto que eu sempre confundo com o frentista. Eu paro com as musiquinhas, essas que eu fico fazendo pros objetos aqui de casa usando trilhas sonoras de filmes B. Mas com os filmes B eu não paro, espero que você entenda. Também abro mão de usar qualquer apelido acompanhado por um pronome possessivo. Não falo mais de marcas recém-lançadas de qualquer coisa, não com tanta empolgação. Também não discorro mais sobre a decoração duvidosa de quartos de motel na hora das preliminares, nem penso mais na Anita Ward cantando "you can ring my bell" quando eu, bem, você sabe, estiver quase chegando lá. Só espero que, de sua parte, não seja apenas um leve estrabismo.

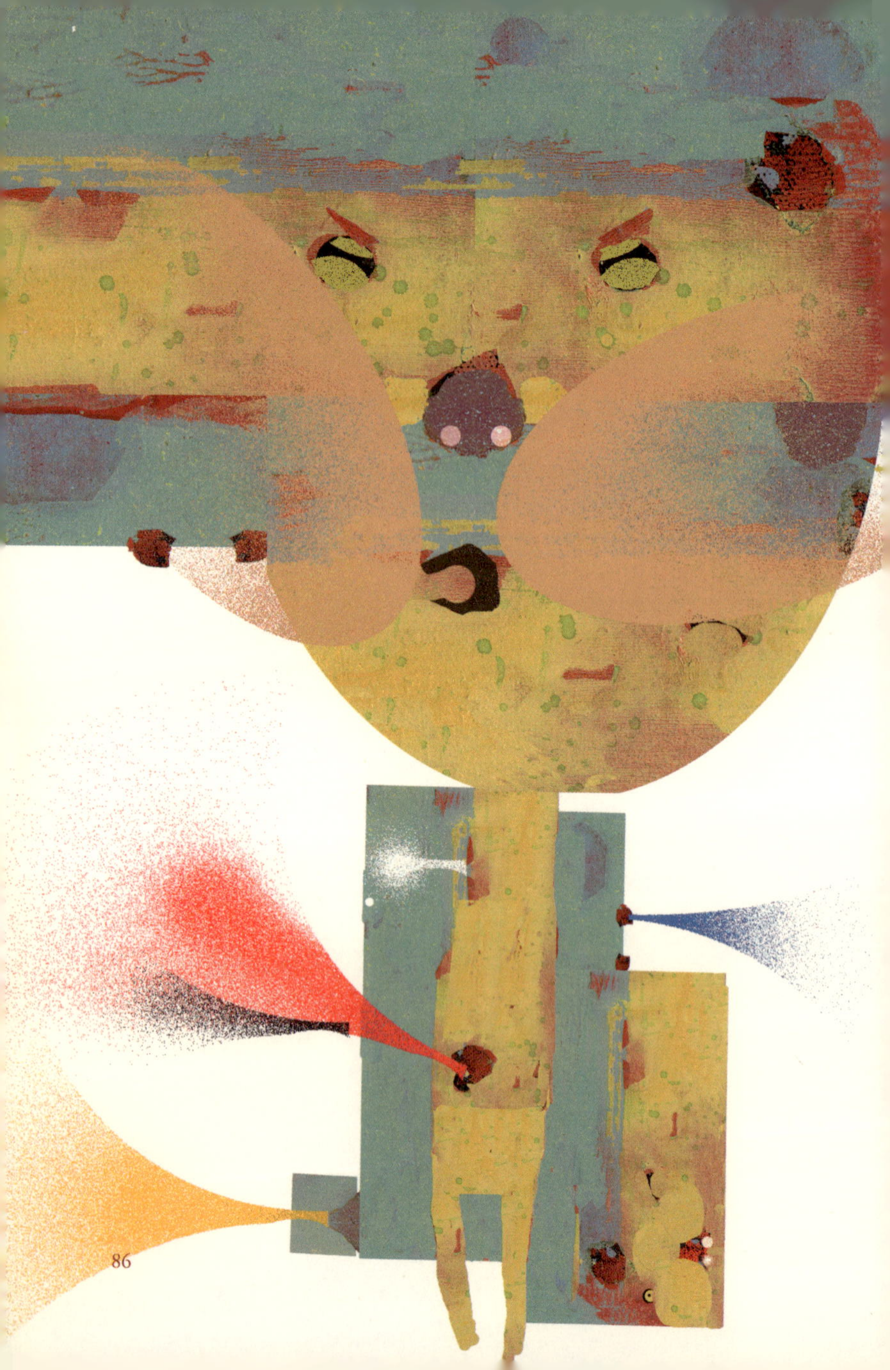

E então me perguntaram o que eu fazia da vida. Eu espirro. Eu espirro o tempo todo. Eu espirro quando acordo, eu espirro quando vou dormir, eu acordo no meio da madrugada pra espirrar e espirro quando acordo pra valer. Eu espirro enquanto o único cheiro que eu suporto no mundo, o de café, toma a casa toda. Eu espirro por claustrofobia porque a casa toda é muito pequena. Eu espirro quando abro o armário e encontro uma "nossa, há quanto tempo eu não uso". Eu espirro com o cheiro da roupa das pessoas na rua e com seus aromas, sejam eles de colônia barata ou Chanel de qualquer número. Eu espirro na fila da padaria quando cretinos pagam chicletes no cartão com CPF na nota. Eu espirro quando me perguntam onde fica a rua tal. Eu espirro no elevador e as pessoas se afastam e grudam na parede como lagartixas com medo de novas epidemias. Eu espirro quando me indicam homeopatia. Uma vez espirrei no meio de uma transa em que eu estava por cima. O cara gostou, disse que dava uma contraçãozinha. Sumi de sua vida e fui espirrar em outros lugares. Eu espirro quando me dizem saúde, Deus te abençoe ou é gripe? Benegrip. Já tentei espirrar mergulhada numa piscina, entrou água no meu nariz, ardeu tudo, foi horrível. Eu espirro quando cortam grama até em desenho animado. Eu espirro no cinema justo na hora que rola um tiro e me mandam um shhhhhhhhhh. Já espirrei numa chatice de ópera que me levaram uma vez, achei a melhor parte, em ópera morre todo mundo e todo mundo já sabe. Quando eu era criança me diziam que se prendesse o espirro saltavam os olhos. Tentei patrocínio de marca de papel higiênico porque lencinho ultrafino de caixinha ou saquinho é para amadores. Praticamente me mandaram à merda. Eu disse que usaria para isso também. Não adiantou.

Mulher é um troço que me enche o saco. Pra você ter uma ideia, ela tem esse lance com filme francês, e filme francês me enche mais o saco que mulher. Era a história de um americano fazendo não sei o quê em Paris, ele acaba se apaixonando por uma puta. Uma hora lá ele tá sentado, ela de pé, e ele pede pra ela ficar de costas pra ele. Eu sei que ele dá uma abraçada na bunda dela que, meu irmão, fiquei de pau duro na hora. Aí ela se ofendeu, disse que eu era insensível, que me atinha só ao frívolo ao invés de prestar atenção nas entrelinhas. Ela teve as manhas de usar "atinha" e "frívolo" na mesma frase, e só não foi além porque eu disse que a puta tinha uma puta entrelinha dividindo aquela bunda perfeita. Cara, eu não sei te explicar ao certo o que rolou em seguida, mas voou coisa pra caramba. A gente não tem noção das tralhas que a gente junta até elas começarem a voar. E eu só no malabarismo pra desviar, até a lista telefônica me acertar em cheio. Sei lá há quanto tempo já não deixam mais listas telefônicas na nossa porta, e eu também não costumava ligar pra ninguém. Quando ela foi embora eu fiquei ali olhando praqueles nomes e me perguntando no que é que tinha dado a vida de cada um. Escolhi um número ao acaso e no segundo toque alguém atendeu. Eu nunca tinha ouvido aquela voz, mas há anos algo não me soava tão familiar.

Acordei acreditando em Deus e com uma navalha de barbear nas mãos. Coloquei-a delicadamente sob o travesseiro para que ela não se adiantasse. O velho roncava alto, passava pela parede e hoje me cobraria o aluguel com aqueles olhos de eu jamais te foderia de outra maneira. Pensão nojenta com cheiro de baratas e banheiro no fim do corredor. Uns espiavam pelos enormes buracos de fechadura de chave esqueleto, outros enfiavam suas línguas ou dedos médios. Eu passava com meus chinelos cheios de bolinhas brancas coladas, pareciam pérolas sob aquela luz. Box sem cortina, chuveiro que pingava quente demais e pombos que se espatifavam no vidro embaçado. Deixaram de me procurar quando eu completei 23, senão haveria bolo com velas coloridas, abraços que sufocavam, marcas de batom perfumado em meu rosto e espumante encharcando o chão. Nesta data querida. A camisa do velho ficava aberta e dava pra ver seu umbigo que ele cutucava quando concluía uma frase. O que saía ele deixava sobre as unhas e chupava o polegar para contar o dinheiro. Um dia ele me perguntou como é que uma vadiazinha como eu havia parado naquela espelunca. Ele não entenderia. Nenhum filho da puta no mundo entenderia. Voltei a me deitar quando tudo já estava tingido de vermelho. Eu sorri e nem me lembrava que podia. Aquelas malditas molas do colchão não rangeriam mais.

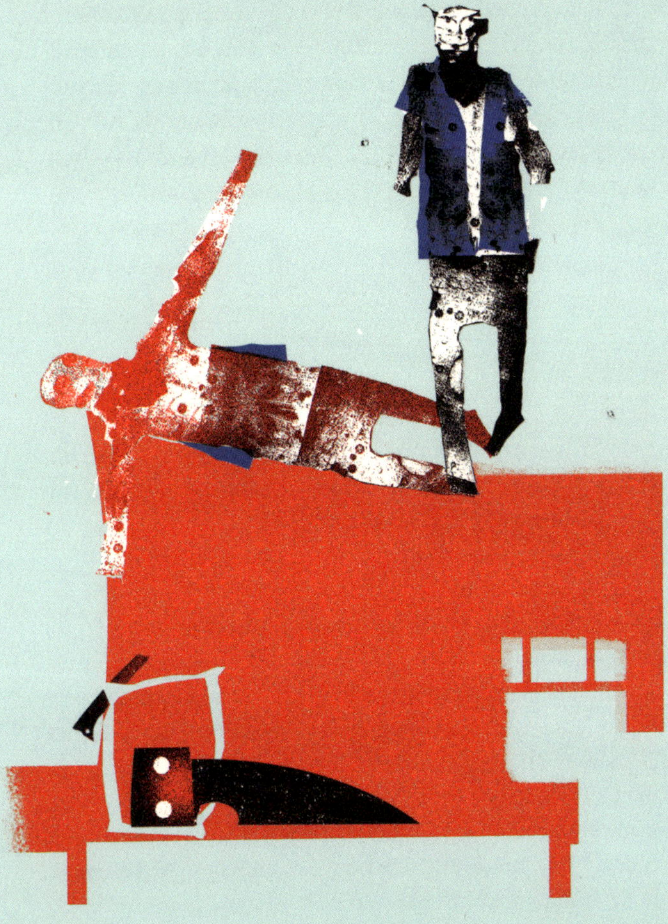

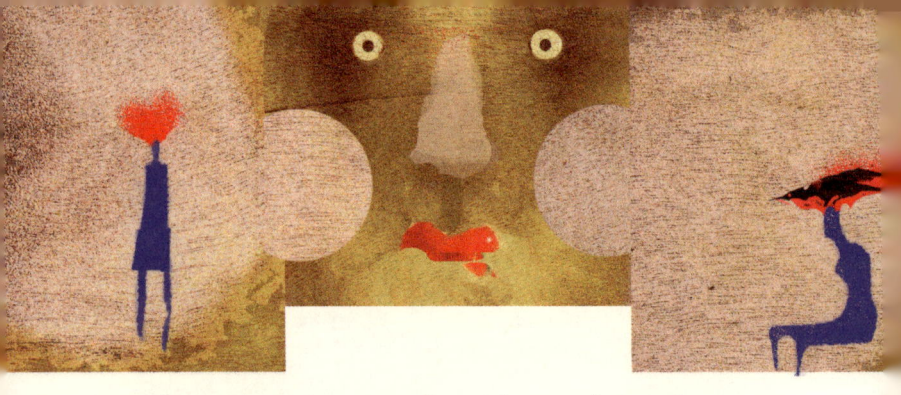

Eu tenho os mesmos olhos dela quando acordo, tentando se equilibrar sobre duas pequenas depressões arroxeadas. Ela costumava dizer que eu sempre fora eficiente demais em machucar pessoas. Não para mim diretamente, mas para cada visita rara, cada encontro ao acaso na rua. Ela me puxava pelo braço, logo acima do cotovelo, mas não deixava doer porque ela esperava que a dor viesse de fora, de outro lugar, de outras pessoas. Aqui se faz, aqui se paga, e nada mais além disso era verdade nas orações que ela fazia encolhida atrás da porta do banheiro. Eu a espiava pela fresta e ela fingia que eu não havia crescido, que suas roupas de baixo andavam desaparecendo e ela ouvia meus passos à noite. Amadurecer não é enfiar laranjas murchas no lugar de peitos, ela gritava. Então ela revirava cestos de lixo atrás de bitucas deixadas pelo homem da noite anterior e as acendia na boca do fogão. Ela cheirava a cabelo queimado mesmo quando saía do banho enrolada em panos de prato porque as toalhas também haviam desaparecido. Eram aqueles com dias da semana bordados e, antes que ela batesse a porta de seu quarto, eu lia "domingo" em suas costas.

Acho que eu fiz merda. Sabe tipo uma versão tosca pra cacete de quando você deixa escapar pro seu proctologista "o prazer foi meu"? Mas não teve graça. Não teve graça nenhuma. Ela fingiu que não se importou muito, mas eu sei que não era verdade. Ela costuma estalar os dedos quando não gosta de alguma coisa. E eu fiquei com aquela cara de bunda ouvindo os estalos como se fossem a porra de um metrônomo quebrado dentro da minha cabeça. Quis falar de um lance que minha avó dizia, que os dedos acabam engrossando, mas fiquei calado. Aí ela olhou pro relógio e disse que tinha que ir embora. Daquele jeito que a gente sabe que não volta mais. Eu ia fazer o quê, cara? Nunca tive as manhas de chorar na frente de ninguém. Aí fingi que minha lente de contato tinha saído do lugar. Ela não perguntou desde quando eu usava. E eu nunca usei. Quando eu era moleque eu queria mesmo os óculos do Christopher Reeve. Mas aí ele caiu do cavalo e fodeu com tudo. Ninguém nasceu pra ser super-homem, cara. Ninguém.

37 graus. Debaixo do nosso sovaco e lá fora. Ela tinha lá suas crenças, dizia que o mundo todo tava com febre, tudo fora do lugar. E citava um ano chinês qualquer, uma era hindu ou o documentário do Al Gore sobre o aquecimento global. Eu sempre tive um jeito estúpido de ouvir apenas uma palavra ou outra do que ela falava. E soltava um ahá ou algum grunhido do tipo. Eu não acreditava em porra nenhuma, nunca acreditei. Eu tava enfiado no guarda-roupa quando aquele cara falou pra minha mãe que tava fora daquela palhaçada toda. E ele me viu lá assim que abriu a porta pra juntar as tralhas. Às vezes a gente espera uma catarse e só vem o silêncio. O foda é a gente se tocar que vai ser assim o resto da vida. Que todo mundo uma hora arruma as malas e se manda. Que sempre é por uma causa nobre que dura no máximo dois quarteirões. Ela também. Ela empacotou todos aqueles sonhos que tinha e pagou adiantado três meses numa pensão anunciada num poste de luz. Outro dia me disseram que ela tava usando os cabelos bem curtos. Eu me lembro que eram enrolados e passavam um pouco dos ombros. Numa quarta-feira de final da Libertadores a gente ficou sem luz. Ela acendeu uma vela, sentou-se à frente do espelho da penteadeira e fez uma trança.

Eu tava sem paciência alguma pra pensar em prós e contras e acabei subindo. Não seria a primeira vez caso desse uma merda muito grande. Sinceramente, a única coisa que eu não tenho tolerado é conversa. Pequenas subversões, pedidos estranhos, grunhidos bizarros, tudo isso eu já ando encarando como uma garrafa de água mineral ao lado da cama. Mas conversa não. Às vezes eu tenho a impressão que todo mundo queria ser psicólogo e acabou fazendo outra coisa. Então se ele aparecesse com uma cordinha achando que aquilo era a expressão máxima da sacanagem, certamente ele não repararia na minha expressão de enfado e voilà, em trinta minutos ou menos estaria tudo resolvido. Ele me serviu qualquer coisa e se espantou com a velocidade com que eu bebi, mas não com uma cicatriz imensa no meu braço. Eu costumava falar que foi um acidente de carro, mas pegavam na minha mão e me respondiam "graças a Deus você sobreviveu", então hoje eu não digo mais nada. Nem meu nome. Assim não há nem chance da coisa chegar em marca de catapora, cachorros chamados Spike e tendência genética a doenças cardíacas. Eu gosto de olhar as roupas jogadas no chão, como que exaustas de embalar fantasmas.

Eu sei que nós não vamos ficar juntos. Que não teremos vasinhos de flores na janela nem um móbile em cima da cama. Sei que não vamos sair procurando um hamster atrás da estante nem o disco perdido do Rush. Que não teremos apelidos carinhosos pra gritar do banheiro quando esquecermos a toalha. Eu sei que você vai me falar que o humor dos irmãos Coen é judeu demais e que explicar certas piadas só piora as coisas. Você vai dizer que não liga pro cheiro dos meus cinzeiros lotados e pros canhotos da mega-sena que uso pra calçar a cadeira. Vai ter o dia que você vai perceber, pela posição defensiva do meu cotovelo direito, que eu não gosto de dormir abraçada. Aquele nosso amigo em comum vai te dizer que eu sou esquisita, e você vai me defender por, talvez, 48 horas. Sei que você se diverte um bocado com esse filme. Você vai até imitar o Eddie Murphy : "you know what I am? I'm your worst fuckin' nightmare, man. I'm a nigger with a badge which means I got permission to kick your fuckin' ass whenever I feel like it!". Nessa hora eu vou dar muita risada, pode acreditar. Mas depois não vai ser assim. Eu vou te confessar, entre outras coisas, que acho o Eddie Murphy um babaca e que converso com meu cachorro. Naquele meu livro do Haruki Murakami, que eu vou deixar pra você, tem uma parte na qual o cara se pergunta: "sobre o que mesmo ela falava?". Tá grifada com marca-texto amarelo. Norwegian wood. Como a música dos Beatles.

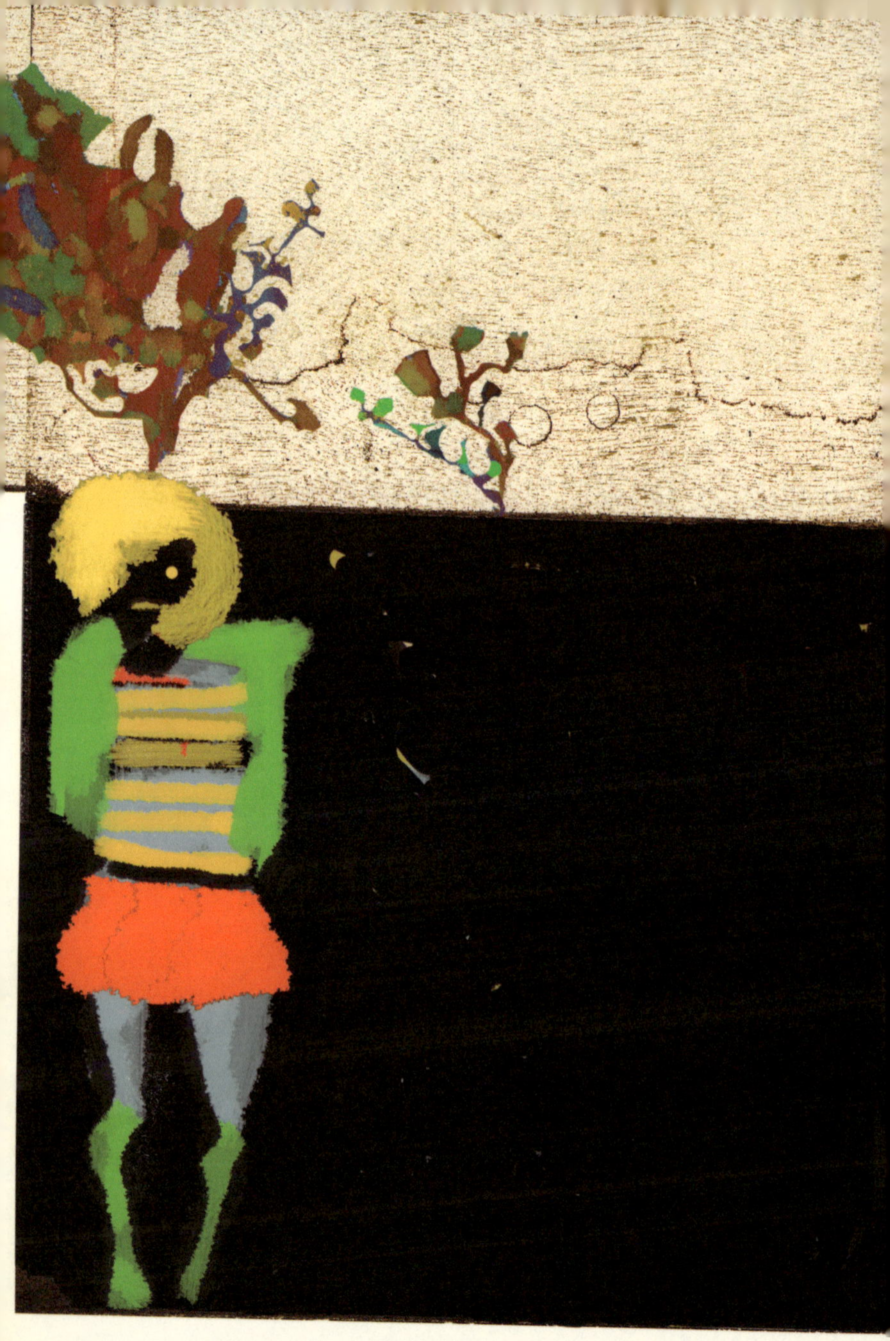

Acho que você deveria estar por aí, sendo feliz com alguma garota nos finais de semana e em outros dias livres. Tentando fazer as coisas funcionarem, sabe? Rindo com os caras nos reencontros de alunos do antigo colégio e colaborando com alguma instituição filantrópica. Acho que vocês deveriam tirar fotos em todos os pontos turísticos do mundo, aquelas tipo fingindo que estão segurando a Torre Eiffel entre os dedos ou andando na faixa de pedestres da Abbey Road. Você poderia surpreendê-la com o cheiro do estofamento de couro do seu carro novo e deixá-la até apoiar os pés no console. Talvez vocês falem sobre filhos e decidam que é melhor esperar um pouco, mas já escolhendo uns dois nomes, escolas com uniforme obrigatório e um futuro seguro pra eles. Por um tempo, você vai elogiar seus vestidos e reparar que seu cabelo está um dedo mais curto. Um dia você a levará naquele restaurante bacana com aquele maitre que tem o sorriso do Dooley Wilson. E o sacana sabe disso, ele vive de polpudas gorjetas que guarda numa caixa de sapatos Oxford que ele nunca usou. Então você contará a ela sobre um episódio engraçado que aconteceu no Natal de 1985 envolvendo uma coleção de selos antigos, um parente bêbado e neve de isopor. E ela vai rir. Ela vai rir e te dizer do jeito mais doce do mundo que você é especial. Talvez ela te conte que o último cara, um desses tolos aprendizes de canalhas, a machucou um bocado, mas que ela não é de guardar mágoas. Baby, sinto muito. Essa garota não sou eu.

"Olha, não tá funcionando, tá fazendo cócegas". Eu não acertava uma com ela. Nem física nem psicologicamente. Tava sempre pagando a conta errada. Ironicamente, ela disse "muito prazer" quando nos conhecemos, o tipo de convenção social que deveria ser extinto. Mas nessa de uma coisa levar a outra a gente foi ficando. Não tem muita coisa na vida que não seja desse jeito. Nessa tarde, estávamos sentados num parque qualquer, e então ela se deitou e dobrou os joelhos. Ficou quieta por um tempo e então começou a rir. Eu sei que era a deixa pra eu perguntar do que ela tava rindo, mas fiquei na minha. Então ela disse que a melhor frase já colocada na boca do diabo foi "eu sou a mão por baixo da saia da Monalisa". Olhei pros lados e não tinha ninguém. Apaguei o cigarro e coloquei a mão entre suas pernas. Aí ela reclamou das cócegas. Voltou a se sentar sem sorriso algum. Me pediu o isqueiro e disse que tava na hora. Dei uma sacudida na camisa pra tirar a grama. Quando ela se levantou, sua sombra fez um desenho estranho no lugar que ela deixou vazio. Pareciam destroços de uma guerra distante.

Herpes, cara. Estourou na minha boca toda porque eu não consigo conter minha língua. Eu saio lambendo praticamente tudo que se mexe. Tentaram mil tratamentos já que o hábito vem da infância e nada. Me enfiaram num psicólogo com diploma falso que me disse, quando eu completei nove anos, "tua sorte é não ser cachorro senão lamberia o próprio cu". Aí eu chorei. Eu esperneei pra valer porque queria um cachorro e acabaram me arranjando um. Coloquei no meu quarto e fiquei lá olhando até ele fazer. Só que nada. Era a única porra de cachorro no mundo que não lambia o cu. Quis trocar e me disseram que não e que eu devia limpar as merdas que ele deixava na porta do banheiro. Eu comecei a achar que aquele cachorro tava tirando onda da minha cara, e que quando eu dormia ele se esbaldava lá, então arrumei uma lanterna e varei umas noites acordado. Nada. Nem gesto de quem tem intenção de fazer alguma coisa mas acaba não fazendo. Viveu pra burro o cachorro, e nem nome ele tinha. Ele ficou lá fazendo parte da família e eu acabei nem me importando mais. Só que o lance com a língua continuou e entrava visita e minha mãe se desculpava pelo constrangimento que eu causava. Depois me dava umas bifas e ficava por isso mesmo. Ninguém aguenta um problema por muito tempo, é mais fácil fingir que nem acontece. As mulheres foram aparecendo, se irritando e se mandando. Uma chegou a sacar spray de pimenta quando enfiei a língua em sua orelha. Essa última parecia não se importar tanto. Aliás, ela não se importava com nada, eu até entrei numas que ela podia ser a reencarnação do cachorro, se bem que eu não sei se acontecem coisas assim. Quando me olhei no espelho hoje cedo tava assim. Dizem que fica um tempo e sai. Só tá difícil pra comer. Sabe quando bate aquele salgado nos lábios? Arde pra porra.

O escroto do zelador sabe da gambiarra no encanamento e me chantageia. Me diz que é mera questão de negociar um cano por outro enquanto toca suas bolas de uma mão para a outra com pequenos tapas. Alega que elas já fizeram um par de gêmeos na barriga de outra trambiqueira mas que ele não sabia quem era um e quem era outro. Deixou todos para trás já que não é o tipo de confusão que quer pra sua vida. Mas fala em me encher de óleo e me virar do avesso na casa de máquinas do elevador. E ri quando fala de porcas e parafusos, que gente devia se enroscar do mesmo jeito ao invés de ficar no nhéque nhéque do colchão pulguento que ele aluga quando tá de serviço, lambendo o bocal do interfone pra avisar que a encomenda chegou. Rezou um dia só pra que não fosse problema de "póstata" como havia acontecido com um tio que era irmão do avô e morreu disso depois de matar o outro que ia viver. Me conta tudo, acha que histórias de vida dão tesão nas pessoas e que a inquilina do 71 já engoliu uma a uma sem cuspir. Perguntei o que ela havia feito e ele respondeu que andava roubando gasolina dos carros sem alarme durante a madrugada. Tudo isso pra sustentar moto de vagabundo, ele acrescentou. Subi. Eu já devia condomínios demais e nunca fui com minha própria cara. Me pediu para pendurar no pescoço a placa "antes de entrar no elevador verifique se o mesmo encontra-se parado neste andar". Apertou meus seios como botões de sobe e desce e riu pra valer. Disse que onde nasceu havia um ditado de que cada um nasce pro que deve ser. Fechei os olhos com força, embora mal houvesse luz naquele lugar.

Os vizinhos quebraram um pau homérico ontem. Lembra deles? O cara falou pra ela se jogar pela janela, porque eram só três andares e ela tava precisando quebrar a cara. Quando coisas assim acontecem, todo o resto fica em silêncio. Teve um episódio do Seinfeld em que ele dizia que as pessoas podem ouvir um tiro no apartamento ao lado que nem se mexem, mas latido de cachorro gera fúrias imediatas. As pessoas continuam esquisitas por aqui, e você ficava sem graça quando o saco de lixo vazava no corredor. Mas é isso ou optar por gastar uma grana nos ecologicamente corretos e triplamente reforçados. Hoje se reforça tudo, né? Papel higiênico, durex, esparadrapo. Chega a ser comovente o empenho das indústrias em permitir que a gente esconda bem nossas feridas. Ou em acabar com o prazer infantil de arrancar cascas secas. Eu finalmente postei aquela tua receita num site de culinária, ganhou quatro chapéus de chef. Algum chato deve ser sensível aos ingredientes. Mas todo chato é sensível a alguma coisa. A gente precisa de todo tipo de melindre pra lidar com eles. A gente tem que aprender a só bufar quando eles empacam a fila da farmácia pra comprar recarga pro celular. Pra evitar encrencas, porque sei lá, um dia eles acordam virados e vão descontar toda a merda em cima de você. Mas olha, eu tô bem. Mandei pintar as paredes porque estavam cheias de pernilongos esmagados. Aquela loja de molduras da 13 agora se especializou só em coisas do Romero Britto. As pessoas ficam felizes com canecas de bichinhos coloridos e balões no céu. Aí colocam na estante, ajeitam, e depois esquecem. Talvez um dia alguma visita comente. Por aqui, elas ainda me perguntam quem é o cara da foto.

Finja. Finja que a conversa é interessante, mesmo que ela não tenha vivido o bastante. Finja que se importa com o curso novo no qual ela se matriculou. Finja que esqueceu as flores em casa, ao lado do guarda-chuva. Finja que anda sem tempo, que tem filhos de um outro casamento. Finja qualquer gentileza que a faça tocar seus pés sob a mesa. Finja um soluço inesperado quando ela te perguntar aquilo. Finja que entende o que ela diz com os olhos. Finja que reparou que seus dedos seguram um cigarro que não existe. Finja uma gargalhada para aquela frase que ela citou. Finja que seus lábios ficam irresistíveis quando pintados de vermelho. Finja um vento que bateu do nada quando você olhar para a garota da mesa ao lado. Finja que você tem essa brincadeira de sempre chamar uma mulher pelo nome errado. Finja aquela mensagem que deve ter sido extraviada. Finja que olhar as horas é só um tique que você tem. Finja que parece que você sempre a procurou. Ela também vai fingir que gozou.

Na época tu sabia que não ia dar em nada. Que provavelmente tu ia ficar com aquela cara de rebento prematuro de carpideira. Tu ia apertar até a goela o colarinho engomado da camisa pra dar uns três tragos num Minister. Tu nem fumava, porra. Tu mastigava palito e Mentex. Tudo devagar. Tudo bem devagar. Tudo pra ela ter tempo pra vida dela. Sei não, cara, mas acho que foi aí que tu vacilou. A gente não pode dar tanto espaço desse jeito, passar a impressão de que tem um mundo todo lá fora. E nem é assim, né? A gente às vezes chega na esquina e é tudo. Eu tô agora lembrando daquela piada que perguntam por que a galinha atravessou a rua. Não, não tô chamando ela de galinha. Podia ser um bicho qualquer. Que só queria chegar do outro lado, mas que dava na mesma não chegar. No caso de gente, de mulher, é que quer deixar as coisas pra trás. É o que elas falam, que a gente já machucou demais. Aí fica esse vazio que tu tenta espantar como se fosse mosquito. E faz o que agora? Quanto tempo? Vê se pelo menos mete uma meia nos pés. Geada, quando bate, parece que é dentro de casa.

Ele estava atrasado. Como sempre. Ele sempre dizia que tinha um mundo pra tirar da frente e poder passar. Em cima da pequena mesa de centro havia um calendário de mesa de algum ano já passado, daqueles com espiral e uma frase por mês. Fiquei folheando com meu dedo úmido de saliva até encontrar "o mau é menos cruel que o indiferente". Era o junho das folhas. Ele havia me ensinado aquele lance de saber quantos dias tinha um mês usando os ossinhos da mão fechada em punho. E foi num março, terceiro osso, 31 dias, passeio escolar de ônibus fretado até um clube de campo com uma piscina. Ele conferiu tudo que havia em minha mochila e colocou duas caixinhas de chiclete Adams. Éramos crianças tentando parecer felizes mesmo com o excesso de cloro. Em determinado momento fui esfregar os olhos e a parte de cima do meu biquíni subiu, deixando à mostra os seios que eu não tinha. Então a garota passou por mim e disse "não tem vergonha, putinha?". Tudo ao redor estava embaçado demais para que eu entendesse que uma vida diferente estava só começando. Ele tinha um Maverick e me perguntou como tinha sido o dia. Continuei mascando os chicletes. Eu colocava um na boca, esperava acabar o gosto, e colocava o outro. Então enfiava a caixinha no dedo e brincava de fantoche, mas não aquele dia. No setembro de 30 dias, hasteamento de bandeira e hino nacional e todos enfileirados. Eu havia escondido em minha meia aquele antigo prendedor de papéis. Me aproximei da garota e fiz um rasgo em seu rosto. Não disse uma só palavra, eu havia enfiado quatro chicletes em minha boca. Ouvi a buzina de seu carro, arranquei a folha do calendário e guardei no bolso de trás da minha calça. Suas mãos começaram a tremer não faz muito tempo, mas havia coisas com as quais ele simplesmente não se importava.

De todas as merdas que eu tava pra fazer, te escrever uma carta foi a mais inofensiva. Eu não vou te mandar, mas é mais ou menos sobre saudade. Não exatamente de você, a gente não ia funcionar de qualquer jeito, mas daquelas histórias que você inventava. Tinha uma em particular. Bonita pacas. Começava num vagão de metrô em Londres e a garota lia a última fábula dos irmãos Grimm. E ela tinha uma fita de presente enrolada no pulso e óculos que ela deixava escorregar até a ponta do nariz. Chove demais em Londres, né? Eu nem sei onde você tá agora, e aquela sua capa acabou ficando pendurada no armário. Já tá com algumas manchas de mofo, mas acho que saem com álcool. Por aqui já estão alardeando os perigos do tempo seco. Dá umas repuxadas bravas no rosto e os lábios acabam rachando. Tentei manteiga de cacau mas acabo lambendo tudo e aí piora. O que tem me tirado o sono mesmo é eu ficar tentando me lembrar que filme era aquele. A gente assistiu num Cinemark qualquer com balde de pipocas gigante e Coca-Cola sem gás. Você disse que era o dia de sermos extremamente convencionais. Depois nos demos as mãos e olhamos algumas vitrines. Observando nosso reflexo numa delas, você me perguntou se realmente se parecia com Anthony Perkins. Eu respondi que sim. Eu não tinha muito mais que isso pra falar.

E, sei lá, um dia teve o Rod Stewart cantando Maggie May e parecia que tudo ia dar certo. Que a vida não ia te dar uma vassoura no bailinho do salão de festas do prédio. Tinha aquela porrada de fotos recortadas de revistas e grudadas na parte de dentro do armário. Era o jeito de montar nossa própria crônica de Nárnia. E cola é uma merda pra sair. Tinha até um saudoso slogan que dizia "descole se for capaz". Eu devia prestar mais atenção em slogans, mas acabo me enfiando em romances policiais. Aí tudo fica com a cara de uma armação ardilosa de qualquer infrator de quinta que um dia, comemorando ter fodido a vida de mais um infeliz, vai apontar a garrafa de champanhe para o teto e impregnar a sala com aquele cheiro enjoado de filme francês sem pé nem cabeça da Belle Époque. Mas vamos aos curiosos fatos porque de preliminares o teclado já está cheio. Um professor meu de Literatura, por sinal charmoso pacas, dizia que essa tal Belle Époque tinha esse nome por mera questão de onomatopeia. Só pra imitar o barulho da rolha da garrafa de champanhe no momento em que ela se desprende. Poc. Ou seja, passa longe de sinônimo literal de eclosão intelectual e artística do fim do século XIX. Pouco importa a verossimilhança disso, até porque o jeito dele imitar o estampido da rolha com a boca era um senhor adicional em seu poder de convencimento. Mas faz sentido.

Aliás, faz todo o sentido do mundo. Eu hoje não vejo a vida muito além da gente tentando colocar uma dose de glamour no que não tem a mínima graça. E até que a gente consegue. A palavra glamour, ironicamente, vem do escocês.

Liga pro Samu que eu tô a fim de morrer de amor. Quero deixar um bilhete no pires sujo de café. Num tweet: eu te amo. Numa referência: um pacto de Nelson Rodrigues. Num trejeito: o sorriso de Clark Gable. Liga pro Samu e fale de convulsões, abscessos, overdose de adrenalina, e que eu tô dançando Bee Gees no meio da sala. Fale ainda de Harry Dean Stanton em Paris, Texas, do meu peep show no box do chuveiro e de como a fumaça nos dias frios me deixava ser Nastassja Kinski. Conte sobre minha coleção de contos pretensamente eróticos que se passavam numa ilha qualquer da Tailândia, que te faziam protagonista de batalhas contra tubarões. Liga pro Samu e entregue todos meus clichês, um a um, cronologicamente. Descreva com um pouco mais de detalhes aquele dia da fantasia de professora de colegial. E tenta não rir pra não parecer trote. Às seis da tarde o trânsito é infernal, e em caso de dúvida razoável eles não vão vir. Apele pras Frenéticas, diga que o que mais te dói é que eu escolhi errado o meu super-herói. E, como tal, não saia do meu lado. Sou péssima nisso de morrer sem você.

Ela no quarto, escutando Oasis, lendo Fausto Wolff, mastigando tampa de canetas. Eu jamais tive a pretensão de que as coisas fossem diferentes. Ela pulando as minhas pernas largadas no meio da sala: "agora você não vai mais crescer". A risada exagerada dela. Ela me dizendo que eu seria a cara do Steve Coogan se deixasse o cabelo crescer mais um pouco. Ela xingando as dezenas de colares que se embaralhavam na caixa de sapatos pra depois amarrar um lenço no pescoço: "você acha que ficou bom?". Não, eu não achava. Ela ficava parecendo um Golden Retriever, mas eu não falava nada. Ela e suas esculturas de clipes de papel que nunca paravam em pé. Ela se entupindo de homeopatia e dizendo que sim, se sentia melhor, porque era só questão de acreditar nessa merda toda ou numa virada de tempo, nada demais. Ela contando que gostava de passar trotes quando criança e que a voz de um homem foi a primeira que lhe eriçou os pelos e até deixou sua calcinha estranhamente úmida. Ela esfregando frestas de azulejo com a minha escova de dentes velha mergulhada em água sanitária. Ela ficando de quatro e depois com a bunda empinada para cima e eu falando que já tava bom e que aquela posição me excitava só que eu pensava em outra. Aquele cheiro de cândida empesteava a casa inteira. Ela cronometrando o tempo de trepada de pombos e anotando num caderno e depois me perguntando: "ainda fazem estilingues? Não seria engraçado interrompermos fecundações de novos pombos?". Ela achando pelos no meu nariz com uma lupa e correndo pra buscar a pinça e voltando com a pinça e sem a lupa, que ela sempre perdia no meio do caminho. Ela falando que a gente bem que podia ir ao cinema, porque se sente entediada mas não é nada grave. Ela está prestes a arrumar as malas e se mandar daqui. Até lá, eu preciso aprender a alimentar os peixes.

Vai ficar tudo bem, não vai? Quer dizer, nem era pra ter acontecido, não desse jeito. Você quer alguma coisa? Um café? Eu posso fazer torradas também. É que eu não lembro exatamente o que aconteceu antes do porteiro perguntar "o rapaz tá contigo?". Acho que não foi "contigo" que ele usou, foi "com você". "O rapaz tá com você?". Soa melhor, né? Olha, desculpa a bagunça, eu nem sei porque deixo esses controles remotos em cima da cama. Tem noite que eu me viro demais e a televisão acaba ligando. Se não me engano foi na terça-feira, tava passando as melhores tacadas do Tiger Woods. E eu fiquei me perguntando quem é que assiste a um troço desses. Eu tô falando demais? O jornal deve estar lá na porta, se você quiser ler. Eu acabei aceitando a promoção de 30 dias grátis. Depois eu ligo lá e cancelo. Esse negócio aí é um filtro de sonhos, é bem velho já. Meu avô acreditava nessas coisas, então eu acabei deixando aí. Deu uma esfriada, né? Eu quase me levantei pra pegar meias, mas o armário tá rangendo demais e eu não quis te acordar. Você sorriu de um jeito lindo ontem. Me lembrou o Fred MacMurray naquele filme. Ai, caramba, qual é mesmo o nome daquele filme? Chamas que não se apagam! É isso. Você viu? Eu tenho ele aqui em algum lugar, posso emprestar pra você. Você achou muito ruim esse travesseiro? Ele dá umas afundadas, né? Mas depois volta ao normal.

Tem um monte de coisas assim, acho que o nome disso é resiliência. Se bem que agora não consigo me lembrar de nenhuma além desse travesseiro. Tem certeza que não quer um café?

Te chamam de anjo torto que tateia no escuro, procurando a terceira asa. Te exigem um equilíbrio estável quando você caminha sobre prego e feridas. Te pedem para suportar a felicidade da última fotografia dos teus avós. Teus pais te colocaram aparelho nos dentes, corretor postural e aviaram uma receita falsa de que tudo ficaria bem um dia. Você não se lembra do tempo que fazia quando amou aquela garota e a pegou gozando com teu melhor amigo num canto da quadra poliesportiva. Um dia te ensinaram que o que te cerca não é nada mais que pele frágil, que se entrega diante de qualquer marca vagabunda de gilete. Então te mandam rezar. Te dizem que é tão simples como colocar a cabeça pra fora da janela e olhar pra cima. Sorria. Você está sendo filmado.

Eu tava tentando pensar em algo realmente nobre, como o figurão que se estraçalhou no meio de um boquete nas alturas com as hélices a mil, testemunhado oficialmente só por um par de urubus esquartejados, olhos arregalados e aquele grito surdo de coisa que a gente só percebe depois que rolou. Mas a real é que eu tava encarando o fulano que me arrebentaria em suculentos nacos de ração para porcos. Tudo por causa de um rabo. Tudo por causa de um maldito rabo que por uma dessas merdas que chamam de acaso pertencia à mulher do ogro. Se eu tivesse um pingo de sabedoria eu mandaria incrustar num monumento sagrado qualquer uma lição do tipo "tirai o olho do rabo alheio e vivei". Mas era praticamente negar minha origem. O que me contaram é que eu havia nascido com a cabeça virada para baixo e, porra, não devo ter mirado exatamente os pés de algum residente de medicina imberbe antes daquela olhadela na bunda daquela que me pariu. Dizem que a gente não enxerga nada até não sei quantos dias de vida, e depois acham que de fato a gente enxerga alguma coisa. E então ele me perguntou como é que ia ser a parada, que eu tinha direito de escolher em que lado da minha cara ele enfiaria primeiro o punho sebento como graxa. No que eu parei pra escolher mediante um argumento razoável, ele enfiou os cinco dedos cheios na minha boca, levando até uma cárie pela qual eu tinha especial apreço. Aquela dentistazinha tinha uns peitões, era tipo uma guerra transmitida ao vivo com botões alucinados pra se livrar de suas casas-cativeiro. Eu enterraria minha infância toda naquela trincheira. Pra sempre. E nos alto-falantes do acampamento tocaria aquela versão escrota que o Leo Jaime fez pra Sunny. Que glória! Cuspi o dente e me toquei que a mão do babaca, embora tivesse a princípio um gosto insosso de sopa em lata, já passeara um bocado por aquele rabo, a mais perfeita inscrição em minha lápide.

"Eu sempre achei que se a saudade tivesse uma cara, seria a do Peter Sellers". Ele falava uns troços bonitos pacas, mas eu disse que não o amava mais e andava tendo sonhos altamente pecaminosos com outro cara. Eu fiquei ali esperando algum tipo de reação que não fosse aquela de quem fala prum ascensorista "décimo quinto, por favor". Então ele se levantou e começou a passar o aspirador pelos cantos. Era um Electrolux velho pra burro. "Essa merda tá engasgando com alguma coisa". Ele desmontou tudo, colocou o cano contra a luz e deu umas sacudidas. Caiu um negócio que já não tinha forma ou cor. Aí ele ficou olhando e riu. Riu muito, e de um jeito diferente. "Sabe o que é isso?". Eu não tinha ideia. "É um Ebicen sabor camarão!". Ele tinha a empolgação daqueles homenzinhos barbudos de desenho animado que encontram ouro e pulam de um jeito engraçado. "Lembra daquele dia que a gente só tinha dois reais no bolso?". Mas no final esses homenzinhos sempre se fodiam, alguém vinha e levava tudo deles. Ele deve ter sacado isso, que a vida é isso, que a gente sempre acaba com uma picareta na mão quando tudo em volta já foi destruído.

Eu posso te deixar qualquer coisa em testamento. Mas eu quero que se siga à risca a cláusula "desde que eu não tenha fodido a tua vida". Nesse caso eu quero que você me esqueça, que você simplesmente use aquele seu vestido e se apaixone por um cara boa pinta na sessão de congelados do Walmart. Quero que você conte a ele qualquer história de infância porque ele te lembra um velho tio que se mandou pra Índia. Que ele saiba te recomendar um bom vinho, com todo aquele lance do tempo de respiro, e te leia alguma coisa de Walt Whitman ou mesmo a história de capa da Marie Claire. Não fique surpresa com isso, eu vi sua coleção no armário. Eu sei que andei sendo o cara errado. Sei das vezes que eu não pensava em você quando gastava cem contos com qualquer Susie Q, Lola, Michelle, qualquer nome roubado e soletrado em camas de motel. Outro dia mesmo eu pensei em ficar debaixo da chuva, tentando acender um charuto, até que alguém me perguntasse as horas. E eu diria assim "ela tá quase acordando". E o que eu queria de verdade era que esse mesmo alguém me acertasse um soco no meio da cara, me chamasse de canalha, de filho da puta, fincasse a sola de seu sapato na minha cara colada no chão. Mas você... Por que diabos você não faz isso?

Lembra daquele dia? Anunciaram na televisão que seria o dia mais quente do ano. A gente se enfiou naquela banheira como se fosse o mar do Caribe só pra mandarmos um "te quiero", "yo también" e equilibrar tequilas na beirada. Nossa besteira de falar coisas como "cuidado que limão no sol dá fitofotodermatose" com o sotaque do Speedy Gonzalez. Mas é um puta nome prum rato, nisso a gente sempre concordou. E em uma pá de outras coisas também. Eu sei que às vezes a coisa fica embaçada e a gente se mete naquele silêncio até passar. Até você dizer que morria de vontade de chamar sua ex de Gina Lollofrígida ou que chamou mesmo e por isso ela se mandou. Mas é passado, né? Como vai ser um dia pra gente também. Quando o dia mais quente do ano for só uma previsão errada do homem do tempo.

Que a gente consiga juntar nossas tralhas logo cedo, quando vence a diária e qualquer expectativa. Que a gente já tenha limpado nossas mãos nas cortinas e remendado aqueles cacos sem graça no meio das conversas fora de hora. Que a gente já tenha prometido nenhuma promessa ou mãos dadas no parque. Que a gente já tenha trocado todas as palavras chulas e fios de cabelos grudados no sabonete. Que a gente já tenha se empanturrado de comida chinesa sob a chuva e o toldo da loja de conveniência. Que a gente já tenha imitado Beavis e Butt-Head na décima quinta reprise do filme da Sessão da Tarde. Que a gente já tenha rasgado álbuns da nossa última viagem e a coleção de contos de fadas no porta-revistas do banheiro. Que a gente já tenha dançado como no conto do Carver e chamado macarrão com almôndegas de western spaghetti. Que a gente já tenha trepado insônias e jogado papel higiênico molhado no teto da sala de visitas. Que a gente já tenha esfacelado nossas impressões digitais no ralador de cenouras e tentado receitas saudáveis. Que a gente já tenha esquecido As Time Goes By dos Stones e sobrevivido a uma ressaca de Campari. Que a gente finja que um futuro encontro será por acaso, à porta do velho sapateiro, onde dorme aquele vira-lata barulhento que um dia a gente apelidou de Chet "Barker".

Eu continuo, de certa forma eu continuo, fritando mosquitos com a raquete elétrica, me delicio com o estalido e com o pequeno corpo que agoniza sem a grandeza de Faulkner, o velho Faulkner que eu tiro da estante e coloco ao lado dos meus travesseiros. Uso dois, porcamente encaixados como sexo ruim, o que ocorreu em 57% dos casos estapafúrdios em que me enfiei para ter o que contar em jogos estúpidos e bêbados de festinhas de fim de ano. Meu amigo secreto abusa de assepsia e joga cotonetes sujos no vaso sanitário. Não vou lê-lo novamente, mas preciso tatear algo além de controles remotos quando acordo de pesadelos nos quais estou caindo, aqueles que todo mundo tem porque pega mal pra burro ainda se contorcer de medo de bicho papão e prazeres espúrios, todos ali, embaixo da cama, disputando um grand prix na minha velha pista de autorama.

Todo dia alguém acorda num pequeno apartamento de um prédio com nome de uma pessoa, que ninguém sabe quem foi, que ninguém liga. E vem o cheiro de café e a frigideira suja de manteiga, a lembrança de um pão na chapa de um restaurante de beira de estrada de um sujeito que tirava nacos de cera da orelha. Alguns alimentam seus animais de estimação, outros escolhem pares de meias limpas, e há ainda aqueles que mais uma vez se esqueceram de comprar pasta de dente. Todo dia alguém pensa que deveria telefonar ou quem sabe fazer uma visita ou um pedido formal de perdão, e anota na agenda mas fica pro dia seguinte se não chover. Nas manhãs um pouco mais frias, garotas usam o dedo indicador que ainda não descobriu novos caminhos pra desenhar um coração no espelho embaçado do banheiro, depois uma flecha, depois a mão espalmada para apagar tudo. Alguns caras encostam a cabeça na janela do ônibus só pela sensação de que algo ainda vibra até a próxima parada. Outros perderam a hora e o tiroteio e agora agradecem diariamente à providência divina. Todo dia pessoas lotam academias e correm pra lugar nenhum na velocidade máxima de esteiras elétricas. Dúzias de garotos espinhudos se gabam por vidas perdidas em games e por meninas que um dia eles irão machucar. Algumas mulheres separam roupas para caridade mas decidem esperar um pouco para o caso delas voltarem a servir. Gerentes de farmácias encomendam mais banquinhos acolchoados porque sentadas as pessoas se tocam que precisam de algum remédio pra levantar. Todo dia funcionários de empresas de cobrança humilham de forma prazerosa devedores tão fodidos quanto eles. Antes de dormir ou logo que acordam idosos tentam se lembrar do nome dos filhos, outros não sabem se tiveram netos e não suportam mais mingau de aveia. Todo dia presidiários fazem mais um risco à unha na parede. Eles não estão na cadeia.

Uma hora tudo acaba. Tudo cansa. Tudo morre. Talvez sobre uma pequena história que um dia alguém vai lembrar e contar, mais de uma vez, para uma criança entediada antes do tempo.

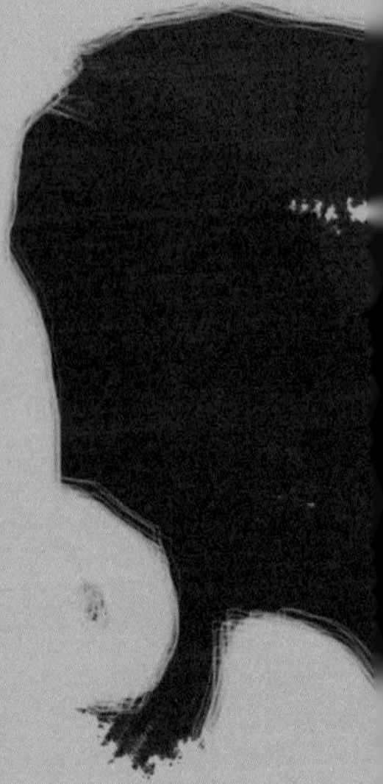

© 2017 Adriana Brunstein
Todos os direitos desta edição reservados à Laranja Original
Editora e Produtora Ltda.
www.laranjaoriginal.com.br

Laranja Original
www.laranjaoriginal.com.br

Editores responsáveis
Clara Baccarin
Filipe Moreau
Germana Zanettini

Projeto gráfico e capa
Luyse Costa

Ilustrações
Marcos Garuti

Produção executiva
Gabriel Mayor

Dados Internacionais de Catalogação na Publicação (CIP)
Câmara Brasileira do Livro, SP, Brasil

Brunstein, Adriana
 Pancho Villa não sabia esconder cavalos /
Adriana Brunstein; ilustrações de Marcos Garuti.
1. ed. São Paulo: Laranja Original, 2017.

ISBN 978-85-92875-15-2

 1. Contos brasileiros I. Garuti, Marcos.
II. Título

17-08004 CDD-869-3

Índices para catálogo sistemático
1. Contos: Literatura brasileira 869.3

Laranja Original Editora e Produtora
Rua Capote Valente, 1.198
Pinheiros, São Paulo
CEP 05409-003
São Paulo - SP

Fonte Adobe Garamond Pro | Papel Pólen Bold 90 g/m² | Impressão Forma Certa